„Der Baum, auf dem der Mensch geboren wurde, stand, sagen die Nuer, in Ostafrika, noch in einer Zeit, in die die Erinnerung der Alten zurückreicht. Ich sehe ihn vor mir, einen riesigen Affenbrotbaum, einen Baobab, der sich wie eine Gestalt gewordene Wurzel des Lebens emporreckt, zwischen jenen wilden Gräsern, die zeitlos zum Horizont hinwogen.“

Peter Matthiessen

KILIMANJARO
Urwald, Eis und Steppentiere

Helfried Weyer

Badenia Verlag Karlsruhe

Umschlagentwurf und Dia: Helfried Weyer, Wetzlar.
Das Titelfoto zeigt den Kilimanjaro von Marangu aus

Vorsatz: Der Kilimanjaro im ersten Morgenlicht beim Anflug auf KILIMANJARO AIRPORT. Im Vordergrund der Mt. Meru, im Hintergrund der Kilimanjaro (links) und der Mawenzi (rechts). Der Nachsatz zeigt den Kilimanjaro vom Norden, von Kenia aus fotografiert

Bei den Ortsnamen, einschließlich Kilimanjaro, wurde die englische Schreibweise, die auch in Tanzania üblich ist und sich international durchsetzt, gewählt

Herstellung:
Badenia Verlag und Druckerei GmbH, Karlsruhe

Fotos:
Alle Fotos stammen von Helfried Weyer mit Ausnahme der Seiten 32/33, 84, 87 und des Rücktitels: Renate Lanwer

Übersichtskarten: Rolf Kampmann, Karlsruhe

Gestaltung: Werner Münkel, Karlsruhe

Lithos: Becker Repro, Karlsruhe

Buchbinderische Verarbeitung:
Großbuchbinderei Josef Spinner, Ottersweier

Printed in the Federal Republic of Germany

ISBN 3 7617 0184 5

Vorwort von Herbert Tichy

Die menschliche Freude am Katalogisieren hat die hohen Berge der Welt in Gruppen geordnet. Da sind einmal – ihrer Zugehörigkeit entsprechend – die Gipfel der Alpen, der Pyrenäen, der Anden, des Himalaya und vieler anderer Gebirgsketten. Dann gibt es den stolzen Exklusivclub der „Achttausender", der sich zwischen Indien und China angesiedelt hat.

Eine andere, von uns willkürlich geschaffene Gruppe bilden die höchsten Gipfel der verschiedenen Kontinente, angeführt vom Mount Everest, der für Asien und die Welt dasteht und über dessen Einmaligkeit man ja keine Worte verlieren muß. Für Nordamerika nimmt der Mount McKinley diesen Rang ein. Europa wird durch den Montblanc und Südamerika durch den Aconcagua vertreten. Auf Borneo steht der Mount Kinabalu, der als „höchster Gipfel zwischen Himalaya und Neuguinea" angepriesen wird; und der höchste Berg Afrikas ist der Kilimanjaro.

Die Schrumpfung der Erde durch die raschen Jets und die gelenkigen Hubschrauber ermöglicht es extremen Bergsteigern, sich eine Kollektion von Gipfeln zu erklettern, die ihrem Geschmack – und der damit verbundenen Publicity gerecht wird. Bei den Sammlern von Achttausendern stehen Reinhold Messner und Kurt Diemberger an der Spitze. Sicher ist es nur eine Frage weniger Jahre, bis *ein* Mensch *alle* vierzehn Achttausender besteigen wird, wie schon Dr. Karl Blodig vor vielen Jahren auf allen Viertausendern (je nach Art der Zählung 60 bis 80) der Alpen gestanden hat.

Als Sammler der höchsten Spitzen verschiedener Kontinente hat sich der Schweizer Dölf Reist hervorgetan, der – wie wir noch lesen werden – über den Berg dieses Buchs wenig freundliche Worte findet. Ich bin da anderer Meinung. Obwohl der Weiße Berg mit seinen 5895 Metern nur ein knapp verfehlter Sechstausender ist und – technisch gesehen – als langweiliger „Hatscher" gilt, glaube ich, daß er auch zwischen gewaltigeren Bergen eine besondere Rolle einnimmt und eine schwer zu beschreibende Faszination ausspielt. Ihn mit dem Mount Everest zu vergleichen und trotzdem zu loben, klingt blasphemisch, aber der Everest ist nur ein absoluter primus inter – fast – pares. Gleichgültig ob man sich ihm mit dem Flugzeug oder zu Fuß nähert, man hat Schwierigkeit, ihn zwischen den anderen Gipfeln zu erkennen. Er ist sich seiner Bedeutung so bewußt, daß er sich gar keine Mühe gibt, fotogen zu wirken. Ähnlich ist es mit dem McKinley, dem Aconcagua und dem Montblanc. Sie bilden nur den höchsten Punkt zwischen anderen gegen den Himmel strebenden Felsgebilden.

Ganz anders ist es mit dem Kilimanjaro. Als er in der Mitte des vergangenen Jahrhunderts entdeckt wurde, erregte allein seine Existenz Unwillen. Das bekamen die deutschen Missionare Rebmann und Krapf, die den Berg als erste Europäer sahen, zu spüren. Was hat ein Gletscher am Äquator zu suchen? Als sie von „Schnee in Afrika" erzählten, warfen

ihnen die gelehrten Körperschaften Sinnestäuschung und Schlimmeres vor.
Helfried Weyer läßt hier die frühen Entdecker und den Erstbesteiger Hans Meyer ausführlich zu Wort kommen. Wir sind in der Geschichte Afrikas um ein Jahrhundert zurückversetzt. Die großen weißen Flecken auf der Landkarte des Schwarzen Kontinents sind zwar verschwunden, wagemutige Forscher haben sie mit Einzelheiten ausgefüllt, aber vieles war noch unbekannt, und jeder Vorstoß ins Innere brachte neue Erkenntnisse. So erreichte Meyer nicht nur den höchsten Punkt des Kibo, den er „Kaiser-Wilhelm-Spitze" taufte, sondern blickte auch als erster in den mächtigen Krater des Berges, der heute durch Luftaufnahmen jedem Schulkind bekannt ist.
Gegenwärtig besteigen täglich etwa zwei dutzend Menschen den Kibo. Der Gipfel Afrikas ist zu einem begehrten Ziel des internationalen Tourismus geworden.
Weyer hat mit Begleitern in den letzten Jahren zweimal den Kilimanjaro besucht und beschreibt die moderne Zeit an dem Berg, dessen Schnee durch Ernest Hemingway in die Literatur einging. Die ausführlichen Berichte der Pioniere – Rebmann, Krapf, von der Decken, New, Meyer – bieten einen reizvollen Gegensatz zum heutigen Geschehen. Der Text dieses Buches umrahmt den Berg mit seiner Vergangenheit und seiner Gegenwart.
Meine persönliche Bekanntschaft – ich könnte auch von einer Freundschaft, ja fast von einer Liebe sprechen – mit dem Weißen Berg liegt zwischen diesen beiden Extremen.
Vor mehr als zwanzig Jahren (1957) lernte ich Kenia kennen. Ich lebte damals ein Jahr im Norden des Landes mit Joy und George Adamson und der zahmen Löwin Elsa, die wenig später weltberühmt wurde*. Zu Ostern war das Wetter so schlecht, daß alle geplanten Safaris im wahrsten Sinne des Wortes ins Wasser fielen. Was hier unten Wasser ist, dachte ich, muß weiter oben, so in 5000 oder 6000 Metern, Schnee sein. Und Schnee schien mir gangbarer als Wasser, das sich mit dem Staub der Trockenzeit zu einem Schlamm verband, in dem nicht nur die Räder der Autos, sondern auch der Fuß eines bescheidenen Wanderers steckenblieben. So fuhr ich zum Kilimanjaro.
Da ich meine afrikanische Zeit in den heißen Steppen rund um den Rudolf-See verbringen wollte, hatte ich keine bergsteigerische Ausrüstung mitgebracht, aber englische Freunde liehen mir ein leichtes Zelt, Steigeisen und Pickel. Frau Brühl, die damals das Kibo-Hotel in Marangu führte, war in Ostafrika so bekannt wie der Berg, den sie betreute. Sie hatte die wuchtigen Formen „ihres" Berges angenommen und es war nicht leicht, ihr Vertrauen zu gewinnen. Sie fand es nicht richtig, daß ich von der höchstgelegenen Hütte allein zum Krater aufsteigen und dort eine Woche lang zelten wollte. Ich mußte einen Revers unterschreiben, daß sie mich gewarnt habe und für mein weiteres Schicksal nicht verantwortlich sei. Dann gab sie mir ihren Segen und drei Träger, die meinen Proviant bis zur Kibo-Hütte bringen sollten.
Gewöhnlich brechen die Touristen schon um 2 Uhr morgens von dieser Hütte auf, um bei Sonnenaufgang den Kraterrand zu erreichen, von wo es nur mehr zwei gemütliche Stunden zum höchsten Punkt sind. Ich mußte auf die Morgendämmerung warten. Am Vortag war der Berg im Nebel gesteckt und ich hatte mir keine Route festlegen können.
Es war wolkenlos und bitterkalt. Obwohl ich einige Konserven zwischen den Felsen versteckt hatte, um auf dem Rückmarsch neue Verpflegung zu haben, wurde mein Rucksack prall und schwer. Es war aber nur gerecht, daß ich mich jetzt plagen mußte, wenn ich während der Woche am Kibo nicht Hunger leiden wollte. Ich wollte spartanisch leben und hatte sogar auf einen Kocher verzichtet. Schien die Sonne, würde ich genügend Schmelzwasser vorfinden; über einer

* Siehe auch Herbert Tichy: See an der Sonne. Orac Pietsch Verlag

Kerzenflamme könnte ich mir sogar einen Schluck heißen Kaffee brauen.
Bei Schneegestöber erreichte ich den Kraterrand und hackte mir – ein paar hundert Meter abseits der Touristenroute – eine gemütliche Nische für das Zelt ins Eis. Den Schnee, der jetzt bei Windstille dicht fiel, stöberte ich nicht vom Dach, sondern ließ mich einschneien, und bald war es warm und gemütlich wie in einem Iglu. Morgen würde ich auf die Kaiser-Wilhelm-Spitze gehen.
Als ich aufwachte, war es schon heller Tag und der Schnee lag hoch. Auf dem Grat, der zum Gipfel führte, stapften zwei Menschen aufwärts. Sie hatten den langen Aufstieg von der Kibo-Hütte hinter sich und mußten entsprechend müde sein. Ich hatte kein Verlangen nach Konversation und freute mich unfairerweise, daß die beiden mir die Mühe des Spurens abnahmen. Dann aber ließ es sich doch nicht vermeiden, daß ich sie einholte und mich meiner Faulheit schämte. Es waren zwei englische Mädchen, die als Sekretärinnen in Nairobi arbeiteten. Am Vortag hatten sie mit zwei männlichen Begleitern den Mawenzi bestiegen, aber die waren zu faul, sich um den „langweiligen" Kibo zu bemühen. So waren die Mädchen allein hier. Das schien mir eine sehr nette Art, auf dem höchsten Berg Afrikas herumzusteigen – keine Expedition, sondern eine Art Familienausflug.
Ich zog den Mädchen eine Spur, die Steilheiten vermied, und am Gipfel strahlte die Sonne heiß. Tief unten sahen wir die grünen Felder der großen Farmen, die militärisch ausgerichteten Reihen der Sisal-Pflanzungen, und einige Seen, die den Himmel widerspiegelten. Ich tauschte ein paar Schlucke herrlich kalter Limonade gegen eine Handvoll Rosinen, und Daphne und Ann, so hießen die beiden, sagten, sie hätten schon oft vom Goldenen Wiener Herzen gehört, und ich sei tatsächlich rechtzeitig aufgetaucht, um ihnen das lästige Stapfen im tiefen Schnee zu ersparen.
Ich widersprach ihnen nicht, und sie hatten es eilig zur Kibo-Hütte zurückzukehren, denn am nächsten Tag sollten sie wieder in Nairobi sein. Das Büro wartete.
Ein Stück begleitete ich sie, dann trennten wir uns und ich schlenderte durch den wiederaufkommenden Nebel zu meinem Zelt. Übrigens waren Ann und Daphne die einzigen Menschen, denen ich während der Woche am Kibo begegnete.
Die Tage vergingen rasch und harmonisch. Oft mußte ich lange auf klare Sicht warten, um den Krater zu umwandern oder in seine Tiefen absteigen zu können. An manchen Stellen stieg heißer Dampf und Rauch auf. Es wäre verlockend gewesen, hier die Nächte zu verbringen: von unten würde ich gewärmt werden, und jederzeit hätte ich einen Topf heißen Kaffees zur Hand. Aber die Dämpfe rochen bedenklich nach Schwefel, und ich wollte keinen brummenden Kopf oder gar ein Nichtaufwachen riskieren. So blieb ich meinem Zelt am Kraterrand treu.
Ich erinnere mich an eine klare, windstille Nacht mit einem fast runden Mond, die mich aus dem Zelt trieb. Das sanfte Licht ließ die Ebene und die Seen erkennen, nahm ihnen aber die Einzelheiten des Tages und hüllte sie in einen Mantel traumhafter Unwirklichkeit. Auf dem dunklen Himmel wetteiferte das Kreuz des Südens mit dem vollen Mond.
Die Faszination afrikanischer Berge läßt sich nur schwer beschreiben. Man blickt auf Meilen und Meilen des verdammten Afrika – wie es von manchen Europäern liebevoll ausgedrückt wird – hinunter. Helfried Weyers prachtvolle Fotos, die verschwenderisch großflächig aufgemacht sind, schildern den Berg besser, als es viele Worte vermögen.

(Herbert Tichy)

Kilimanjaro International

Die Sonne ist gerade aufgegangen und spielt mit ihren ersten noch kalten Strahlen auf den metallenen Tragflächen der DC 8. Unausgeschlafen und ein wenig steif vom langen Sitzen im Flugzeug blinzeln wir hinaus in das blendende Licht des jungen afrikanischen Tages. Einzelne Wolken segeln über der Steppe und werfen dunkelblaue Schatten auf das flache Land, das braun und im Dunst tief unter uns liegt: Kenia.

Die Wolkendecke verdichtet sich, und schon bald ist nichts mehr von der Erde zu sehen. Eine geschlossene Watteschicht trennt unser einsam dahinbrummendes Flugzeug vom afrikanischen Boden, auf dem wir nach Plan in einer halben Stunde landen sollen. Der Pilot hat bereits die Reisehöhe von 10 000 m verlassen und beginnt den Landeanflug.

Da taucht plötzlich eine schwarze Insel aus dem jetzt gleißendhellen Wolkenmeer auf, und dort noch eine! Auch schwarz und silhouettenhaft, aber noch größer, höher und gewaltiger als die erste. Rechts neben der zweiten Insel eine kleinere dritte, steil und zackig. Nein, die beiden gehören zusammen, es ist nur eine Insel mit zwei Gipfeln, ein Berg, der sein schneebedecktes Haupt unweit vom Äquator durch die nassen Wolken in den blauen kalten Morgenhimmel steckt.

Kilimanjaro ist der Name des Berges, Mawenzi heißt die kleinere Insel an der gewaltigen Ostflanke. Und der erste Berg, den wir jetzt rechts neben dem Flugzeug in unmittelbarer Nähe sehen, während wir den Kibo (so heißt der Gipfel des Kilimanjaro) links in respektvoller Entfernung haben, das ist der Mt.Meru.

Der deutsche Missionar Johannes Rebmann sah den hohen Berg in Afrika am 11. Mai 1848 als erster Europäer. Rebmann traute seinen Augen nicht und glaubte zunächst an eine Wolke, an eine optische Täuschung. Es dauerte lange, bis der Missionar dieses blendende Weiß am Himmel eindeutig als Schneeberg identifizieren konnte.

Mit der Behauptung, am Äquator Schnee gesehen zu haben, machte sich Rebmann später vor aller Öffentlichkeit lächerlich. Niemand glaubte diese allzu fantastische Geschichte, selbst dann noch nicht, als Rebmann mit einem Zeugen, dem Pater Ludwig Krapf, noch einmal ins Innere Afrikas vordrang und seinem Freund und Missionarskollegen den weißen Kibogipfel zeigen konnte. Der Kommentar der KÖNIGLICH GEOGRAPHISCHEN GESELLSCHAFT in London war kurz: „Unmöglich, sie haben eine Fata Morgana gesehen!“ Ähnlich äußerten sich auch andere „Expertenkreise“ in Deutschland und der Welt, sie bezeichneten die Behauptungen der Missionare hartnäckig als Sinnestäuschung und Einbildung. Es ist seltsam, daß sich in der Folgezeit kein englischer und kein anderer Forscher an die Lösung des vieldiskutierten Problems heranmachte.

Es war wiederum ein Deutscher, der 15 Jahre nach Johannes Rebmann dessen Beobachtungen und Behauptungen bestätigen und erste Forschungsergebnisse am Kilimanjaro vorweisen konnte: Baron Carl Claus von der Decken: Als einer der kühnsten Afrikaforscher damaliger Zeit marschierte der Baron im Juli 1861 von Mombasa aus in zwei anstrengenden Wochen zum Kilimanjaro. Sein erster Versuch, den hohen Schneeberg am Äquator zu besteigen, scheiterte bereits in einer Höhe von nur 2548 m. Aber schon ein Jahr später versuchte von der Decken „seinen Berg" noch einmal und drang bis knapp unter die Schneegrenze, bis 4316 m vor.

Über diese Expedition schreibt von der Decken: „Gegen fünf Uhr machten wir halt in der Nähe einer mit Regenwasser gefüllten Bodenvertiefung. Um der Kälte der Nacht besser begegnen zu können, schlugen wir ein kleines, für zwei Mann ausreichendes Zelt auf, welches die für solche Ausflüge unschätzbare Eigenschaft besaß, kaum zwanzig Pfund zu wiegen und sich leicht verpacken zu lassen (20 Pfund! Heute wiegen Leichtzelte unter 2 Kilogramm!). Ich begab mich einige hundert Schritte weit seitwärts, stellte meine Meßgeräte auf und nahm zahlreiche Winkel nach beiden Kilimanjarogipfeln und nach der Sonne. Schon während dieser Arbeit fühlte ich, wie mir die Kälte unter die Nägel kroch und Finger und Zehen vor Frost erstarrten. Als ich bei Dunkelwerden meine Sachen zusammenpackte, war ich derartig durchgefroren, daß ich mich nicht einmal durch Umherspringen und kräftige Hand- und Armbewegungen wieder erwärmen konnte. Erst als ich meinen Tee eingenommen hatte und mich, in dickes Winterzeug gekleidet, unter meine wollenen Decken verkrochen hatte, fühlte ich mich wieder behaglich! Am nächsten Morgen, am 29. November (also mitten in der Regenzeit des Kilimanjaro), brachen wir zeitig auf und gingen drei Stunden lang ohne Unterbrechung weiter. Wir kamen nur langsam vorwärts, weil wir uns von der anstrengenden Bewegung in der verdünnten Luft angegriffen fühlten.

Um unsere Expedition beweglicher zu machen, ließen wir den Troß der Träger sowie unsere ohnedies überflüssig gewordenen Führer zurück und wanderten, einzig begleitet von dem jungen Anarumi und drei mit Theodolit, Barometer und Gewehren belasteten Leuten, dem Westgipfel des Kilimanjaro zu. Das Steigen wurde immer beschwerlicher.

Immer häufiger mußte gehalten werden. Sämtliche Träger klagten über Schwäche und Kopfschmerzen, auch ich fühlte mich unbehaglich!

Eine Bodenwelle nach der anderen erklommen wir, und noch sahen wir den Fuß des Domes nicht vor uns, vielmehr taten sich, sobald wir den nächsten Kamm erreicht hatten, immer neue Täler und Landbrücken auf. Dazu verhüllte ein dichter werdender Nebel die Aussicht; das Holz wurde spärlich und hörte schließlich ganz auf. Wasser fand sich nicht mehr! Was sollten wir unter diesen Umständen tun? Die Grenze des Schnees lag nur zwei- bis dreitausend Fuß über uns, und diese wenigstens zu erreichen, erschien höchst wünschenswert. Doch ließ sich auch die Dringlichkeit der Gründe nicht verkennen, welche uns zur Rückkehr mahnten. Hierzu mußte uns namentlich auch die Rücksicht auf unsere Schwarzen bestimmen, welche ernstlich litten und bei längerem Verweilen, ohne Mittel sich zu erwärmen, voraussichtlich den ungewohnten Verhältnissen erlegen wären! Der Entschluß, so nahe dem Ziele umzukehren, wurde uns nicht leicht. Aber die Erwägung, daß bei unserer mangelhaften Ausrüstung eine vollständige Besteigung des schneebedeckten Gipfels ohnehin unmöglich sein würde, gewährte uns einigen Trost."*

* Von der Decken: Reisen in Ostafrika. Leipzig 1875.

Selbst der Baron von der Decken wußte, daß man seinen Abenteuern am Kilimanjaro kaum Glauben schenken würde, und bemerkt dazu wörtlich: „Für solche Leute hat nichts beweisende Kraft: zeigt man ihnen eine Fotografie, welche den Gipfel des Berges noch heller wiedergibt als den wolkenfreien Tropenhimmel, so werden sie sagen: ‚Das Glänzende ist weißer Quarz oder Kalkstein'; erzählt man ihnen, daß man beobachtet hat, wie nach Regen im Tal der Schnee auf dem Berge weiter herabrückte und danach bei fortwährendem Sonnenschein wieder von untenan verschwand, so werden sie dies für eine Täuschung erklären; und könnten sie endlich gar nicht mehr umhin, das Vorhandensein von erstarrtem Wasserdunst anzuerkennen, so werden sie, obgleich kein Beispiel auf der Erde dafür spricht, mit Keckheit behaupten: ‚Dann ist der Berg wenigstens nicht mit Schnee, sondern mit Reif bedeckt!' Solchen Leuten zuliebe hatten wir aber nicht Lust, auch nur einen einzigen Schritt zu tun, geschweige denn, uns und unsere Mannschaft den Gefährlichkeiten auszusetzen, mit denen Kälte, Hunger und Durst uns bedrohten!"

Das geschah vor mehr als hundert Jahren. Heute kennt jeder Schulbub das Bild vom schneegekrönten Kilimanjaro, vom höchsten Gipfel Afrikas, mit Elefanten, Zebras oder Büffeln im Vordergrund.

Heute träumen Bergsteiger und Trekker vom Kibo. Wenn der Berg auch kein „echter Sechstausender" ist, sondern nur 5895 m über dem Meeresspiegel aufragt, so ist er sicher der technisch leichteste „fast Sechstausender". Es gibt nur wenig Berge dieser Höhe, die auch von Nichtalpinisten erklettert werden können. Dennoch gebührt dem Kilimanjaro voller Respekt. Man darf ihn nicht unterschätzen.
Dölf Reist schreibt in seinem großartigen Buch: *Zu den höchsten Gipfeln* (Mondoverlag, Lausanne) „Der Kilimanjaroboom der letzten Jahre nimmt immer größere Ausmaße an, der Berg wurde von Blinden und einbeinigen Invaliden bestiegen, und es wurde sogar ein Schnelligkeitsrekord aufgestellt, in dem einer in 13 Stunden und 20 Minuten den Auf- und Abstieg bewältigte, was eine Distanz von 62 km und eine Höhendifferenz von 8700 m bedeutet. Seit mir am Kilimanjaro in 4500 m Höhe ein Motorradfahrer begegnet ist – er kam von oben! – ist meine Begeisterung für Afrikas höchsten Berg geschwunden!"

Lieber Dölf, ich weiß, daß Deine Berge Mt. Everest, Mt. McKinley, Aconcagua und in Afrika Ruwenzori heißen. Aber laß bitte die vielen tausend Bergfreunde, die nicht solche Lungen, solche Kraft und soviel Training haben wie ein Dölf Reist, ein Hermann Buhl oder ein Reinhold Messner, nach einer Ersteigung des „knapp Sechstausenders" am Äquator auch ein wenig Stolz empfinden!

Der Normalweg auf den Kibo von Marangu über Horombo gleicht heute einer Ameisenstraße. Schwarze Träger und weiße Sahibs pendeln von Hütte zu Hütte, bergauf und bergab. An manchen Tagen scheinen ganze Hundertschaften auf dem ausgetretenen Pfad unterwegs zu sein. Und dennoch ist die Besteigung des Kibos kein Kinderspiel, im Gegenteil. Weil der Berg technisch einfach und verkehrsmäßig leicht zu erreichen ist, glauben viele Touristen, sie können da so mir nichts, dir nichts hinauflaufen – und dann ist die Katastrophe schnell perfekt. Ein plötzlicher Wettersturz überfällt die nur leicht bekleideten Afrikatouristen und läßt sie im Schneesturm erstarren, oder das so gefürchtete Lungenödem gebietet ein energisches Halt vor dem hohen Gipfel.

Der deutsche Erstbesteiger Hans Meyer, über den ich noch ausführlich berichten werde, schrieb unter anderem in sein Tagebuch: „Die Luftbeschaffenheit wurde so mangelhaft, daß wir (sein Partner war der österreichische Bergsteiger Ludwig Purtscheller) alle 15 bis 20 Schritte anhalten mußten, um über den Eispickel gebeugt tief nach Atem zu ringen. Meine Herzschläge waren auf 144, die Atmung auf 48 Züge in der Minute gestiegen, und in meinen Ohren summte und sauste es wie vor einem nahenden Sturm!" Nach Hans Meyer versuchte der Engländer Charles New den Gipfel und berichtete: „Die Luft wurde uns beiden knapp, es war, als ob die Atmosphäre keinen Sauerstoff mehr enthielte. Eine Entfernung von 40 bis 60 Metern erschöpfte uns: meine Lippen sprangen auf, es war mir, als ob mir die Adern im Kopf zerspringen wollten, mein Gehirn schwindelte und ich fürchtete, ich würde den Verstand verlieren!"

Also doch kein Spaziergang!
Kilimanjaro heißt auf Suaheli: „Der weiße Berg" (Kilima Njaro) während sein kleinerer Nachbar Mawenzi „Der dunkle Berg" ist.
Mit dem Eintauchen in die Wolkendecke verschwinden Meru und Kibo. Wälder und Steppen, sonnenverbrannte Erde und grüne Felder, Bananen- und Kaffeeplantagen, wellblechgedeckte Hütten und dazwischen staubige Wege und Straßen ziehen unter uns vorbei, kommen rasch näher. Längst haben wir unsere Sicherheitsgurte angeschnallt und das Rauchen eingestellt.
Da ist schon die helle, betonierte Startbahn. Ein kaum wahrnehmbarer Schlag der Räder, wir rollen aus. Wir sind auf dem neugebauten Flughafen KILIMANJARO INTERNATIONAL zwischen Mt.Meru und Kibo gelandet. Neun Stunden und vierzig Minuten sind wir mit der KLM von Wien aus unterwegs gewesen, davon landeten wir 55 Minuten in Kairo. Die KLM ist zur Zeit die einzige europäische Linie, die von Amsterdam über Wien und Kairo direkt nach KILIMANJARO AIRPORT fliegt. Einmal wöchentlich fliegt auch die AIR TANZANIA von London über Frankfurt und Kairo nach Arusha. (KILIMANJARO AIRPORT INTERNATIONAL ist der Airport von Arusha.)

Das Land, in dem wir soeben afrikanischen Boden betreten haben, heißt Tanzania, und nur von hier aus ist die Besteigung des Kilimanjaro heute möglich, denn die Grenze zum benachbarten Kenia ist geschlossen. Das hat einen leicht verständlichen Grund!
Ostafrika hat eine kurze, aber sehr bewegte Geschichte hinter sich. Die Entdeckungen und Forschungen in den weißen Flecken der ostafrikanischen Landkarten erfolgten in der zweiten Hälfte des vergangenen Jahrhunderts vor allem durch Deutsche und Engländer. Gerüchte und Schauergeschichten über den in Ostafrika blühenden Sklavenhandel zogen Missionare beider Konfessionen an. 1844 wurde in Mombasa eine erste christliche Mission gegründet. Rebmann und Krapf drangen

von dieser Missionsstation aus als Forscher ins Landesinnere bis zum Kilimanjaro und weiter nach Westen vor. Auch der britische Forscher und Abenteurer Livingstone war Missionar. Von 1853 bis 1855 unternahm er seine erste kühne Expedition quer durch den Schwarzen Kontinent. Krapf und Rebmann verfaßten 1855 ein erstes Wörterbuch und eine Grammatik der Suaheli-Sprache! Der deutsche Forscher Roscher wurde auf dem Weg zum Malawisee von Eingeborenen ermordet, und Livingstone galt während seiner Suche nach den Nilquellen als verschollen. Der amerikanische Journalist Henry Stanley suchte und fand Livingstone in Ujiji. Kurz darauf gelang Stanley die Umschiffung des Viktoriasees. Dabei sichtete und entdeckte der Forscher den Ruwenzori. 1889 bezwang dann Hans Meyer als Erster den Kilimanjaro, Oskar Baumann fand den Ngorongorokrater und den Manyarasee. So waren die weißen Flecken durch britischen und deutschen Tatendrang rasch verschwunden, und beide Nationen rangen um politische Machtinteressen rund um den Kilimanjaro. England nahm sich die heutigen Länder Kenia und Uganda, das heutige Tanzania wurde Protektorat des deutschen Kaiserreiches. Dazu gehörte auch Sansibar, das 1890 im Tausch gegen Helgoland an Großbritannien gegeben wurde. Die Europäer trieben Eisenbahnlinien und andere Verkehrswege durch Ostafrika, bauten Missionsstationen und legten Plantagen an, vor allem Kaffee.

Deutschland verlor Ostafrika mit dem Ende des Ersten Weltkrieges, das Land wurde 1920 unter dem Namen Tanganyika britisches Völkerbundsmandat, Kenia wurde britische Kronkolonie und Uganda blieb britisches Protektorat.
1946 kam Tanganyika unter UN-Treuhandsherrschaft mit britischer Verwaltung und erlangte 1961 seine Unabhängigkeit unter seinem ersten Präsidenten Dr. Julius Nyerere. 1964 schlossen sich Tanganyika und Sansibar zur Republik Tanzania zusammen. Erst zwei Jahre nach Tanzania, 1963, erhielt Kenia seine Unabhängigkeit unter Präsident Jomo Kenyatta. Beide Länder steuerten einen unterschiedlichen Kurs: während Kenia mehr westlich orientiert blieb (obwohl es diplomatische Beziehungen mit der Sowjetunion und China unterhält), setzte Nyerere immer mehr sozialistische Grundregeln in seinem Land durch. Daß Tanzania seinen Weg in den totalen Sozialismus ging, wurde 1967 in der berühmten Arushadeklaration deutlich, als Präsident Nyerere verkündete: Alle Tanzanianer sollen fortan wirklich gleich sein, es soll nicht länger Herrscher und Beherrschte, Ausbeuter und Ausgebeutete geben. Wörtlich sagte der Präsident: „Wo es nur eine Partei gibt,

und wo diese Partei mit der gesamten Nation identifiziert wird, sind die Grundlagen der Demokratie fester gefügt, als sie es jemals dort sein könnten, wo man zwei oder mehrere Parteien hat, die jeweils nur einen kleinen Teil der Bevölkerung repräsentieren!"

Ergebnis dieser unterschiedlichen Politik war, daß in Kenia vieles besser klappte als in Tanzania, einfach, weil es noch Privatinitiativen gab. So erlebte Kenia einen wahren Touristenboom, der Devisen brachte. Wohlorganisierte Gruppen flogen nach Nairobi in die gut geführten „Britischen Hotels" und fuhren weiter in die Tierschutzgebiete Serengeti, Ngorongoro und Manyara, oder sie stiegen auf den Kilimanjaro. Die Touristen verbrachten ihren Safariurlaub also in Tanzania, ließen die Devisen aber im benachbarten Kenia. Und wenn Tanzania auch sehr arm ist, so muß man dem jungen Staat doch bescheinigen, daß seit der Unabhängigkeit mehr für den Tierschutz getan und investiert wurde als vorher unter den Kolonialherren. Das investierte Geld sollte sich durch den Touristenstrom amortisieren, tat es aber nicht, da es in Kenia blieb. So schloß Nyerere die Grenze, ließ den neuen AIRPORT KILIMANJARO INTERNATIONAL bauen und forderte Fremde auf, direkt in sein Land zu fliegen und mit staatlichen Agenturen in die Schutzgebiete und in die darin liegenden staatlich geführten Hotels zu fahren. Das funktioniert auch so leidlich. Wie in anderen sozialistischen Staaten blüht auch in Tanzania der Schwarzmarkt auf dem Devisensektor (Kellner, Taxifahrer und Straßenhändler zahlen drei- bis viermal soviel Tanzania-Schillinge für westliche Währungen wie die Staatsbank!). Und wo es noch – oder schon wieder – Privatinitiativen gibt, ist diese den staatlichen Organisationen um viele Längen voraus.

Inzwischen haben wir den Einreisestempel im Paß und unsere roten Seesäcke mit der Bergausrüstung auf der Schulter. Lachend kommt ein Schwarzer mit dunkler Sonnenbrille und krausem Bart auf mich zu. Er trägt westliche Jeans und eine blaue Pilotenjacke mit vielen Taschen und mit Kugelschreibern am linken Oberarm. Ich kenne den Mann nicht, er aber drückt mir fest die Hand: „You must be Mr. Weyer. Karibu, Karibu in Afrika!"

Regen, Schnee und Regen

George heißt der Schwarze, er ist Guide und Fahrer der TANZANIA TOURS LIMITED, die unsere kleine Gruppe mit zwei leuchtendweißen VW-Bussen abholt. Der Himmel ist jetzt wolkenverhangen, und vom Kilimanjaro ist nichts zu sehen. Eine Stunde fahren wir durch fruchtbares Land bis Moshi an den Fuß des Berges. Ein Trost ist uns, daß der Kibogipfel, unser Ziel, hoch über den Wolken unter der wärmenden Sonne Afrikas liegt. Was schert es uns also, wenn die Wolken jetzt erste dikke Regentropfen auf unseren Weg schütten!

Hören wir das Wort Ostafrika, dann denken wir an die großen schlanken Massai, die als bronzefarbene stolze Hirten ihren Rinderherden durch die Steppe folgen. Hier in Moshi sind wir aber im Land der Chagga. Das sind im Gegensatz zu den heute noch nomadisierenden Massai Ackerbauern, die an den Hängen des Kilimanjaro Bananenkulturen anbauen. Der vulkanische Boden ist hier für die Landwirtschaft bestens geeignet. Die Bäche von den schneebedeckten Hängen des Kilimanjaro führen das ganze Jahr hindurch Wasser, und zusätzlich fällt reichlich Regen. Missionare führten den Kaffee bei den aufgeschlossenen Chaggas ein. Es mag an den Menschen liegen, aber wohl auch an der Missionstätigkeit, daß die Arbeitsmoral, die landwirtschaftliche Produktivität und das Bildungsniveau hier größer sind als irgendwo anders in Tanzania. Viele Chaggas sind christlich getauft und besuchen höhere Schulen.
Unser George ist kein Chagga, sondern ein „Großstädter" aus Dar es-Salam, ein wenig überheblich gegenüber den „Bauern vom Kilimanjaro", wie er die freundlichen, warmherzigen und halbnackt herumlaufenden Chaggas nennt. Ich kann mich nicht sattsehen an den farbenprächtigen Gestalten, die lachend und fröhlich winkend auf klapprigen Fahrrädern die Straße bevölkern, ihre Marktstände rechts und links des Weges aufgestellt haben und unglaublich große Bananenstauden auf ihren Köpfen balancieren. Aber George möchte nicht halten, er zeigt uns, was für ein großartiger „Rennfahrer" er ist und rast mit hundertzwanzig Sachen über die schlaglochübersäte Straße und durch die kleinen Dörfer mit den ländlichen Wellblechhütten. Unter dem Bus protestieren die Stoßdämpfer, aber mein Bitten, langsamer und vorsichtiger zu fahren, hilft nichts! So vertrauen wir auf die deutsche Wertarbeit aus Wolfsburg, schließen gelegentlich bei leichtsinnigen Überholmanövern die Augen, sehen kaum etwas vom Land, und erreichen 26 km hinter Moshi den Marktflecken Himo. Hier biegt eine schmale Straße ab und führt durch leuchtend grüne Bananenplantagen steil hinauf nach Marangu, dem Tor zum Kilimanjaro. Maran-

gu liegt bereits 1400 m über dem Meer und ist heute Ausgangspunkt zur Kibobesteigung auf der Normalroute.
In Marangu gibt es zwei deutschgeführte Hotels, das KIBOHOTEL und das MARANGUHOTEL. Das Maranguhotel befindet sich vor der Ortschaft links inmitten von Bananenplantagen, es hat einen kleinen Campingplatz, dann das Haupthaus mit Küche, Restaurant und Büro und viele Gästezimmer, die in einzelnen Hütten in einem parkähnlichen blühenden Garten stehen. Da leuchten Weihnachtssterne, Hibiskussträucher, Agaven und viele andere tropische Blumen und Pflanzen. Winzige Vögel, ähnlich wie Kolibris, schwirren von Blüte zu Blüte, und hoch über dem kleinen Paradies leuchtet der Schnee des Kilimanjaro. Nur bei unserer Ankunft nicht, es regnet, es ist deprimierend! Dennoch hat die deutsche Hotelbesitzerin Erica von Lany unsere Besteigung bestens vorbereitet. Noch am selben Nachmittag stellt sie uns die Führer vor: Joachim Sianga als Hauptführer. Er hat den Kibo bereits 200 (!) Male bestiegen und macht einen ernsten, sehr umsichtigen Eindruck auf mich. Sein Begrüßungslächeln kommt von Herzen. Joachim ist mir sofort sympathisch, ich habe Vertrauen zu ihm. Zweiter Führer ist Camili Lyatonga, der fröhlicher und unbeschwerter lacht als Joachim. Und dann ist da noch Vincent Matei, der Hilfsführer. Jung und seinen Vorgesetzten untergeben lacht auch er, aber eher höflicher und zurückhaltender als sie.

Wir selbst sind eine kleine Schar, mehr Fotoamateure als Bergsteiger:
Da ist Helga aus Berlin, die mit mir schon im Himalaya Höhen über 5000 m erklommen hat. Und Gerda aus Dortmund, mit der ich auf Island und in Ladakh zusammen fotografierte. Dieter aus Bremen war auch schon mit mir zusammen im Himalaya, ebenso Rainer aus Frankfurt.
Im Maranguhotel gesellt sich noch ein deutscher Pater mit seinem englischen Freund zu uns, und so blicken zwei Frauen und fünf Männer immer wieder in die grauen Regenwolken, hinter denen irgendwo hoch oben der Kibo versteckt liegt. Nur Camili lacht ohne Unterbrechung und strahlt einen gesunden Optimismus aus. Es ist Ende Januar und eigentlich die schönste Zeit für eine Kibobesteigung.
Frau von Lany ist mit Joachim im Storeroom, Lebensmittel werden in Säcke gepackt, wir selbst richten unsere Ausrüstung: mittelschwere Bergschuhe, Daunenschlafsack, Schneebrille, Handschuhe, Wind- und Regenkleidung und Skistöcke. Skistöcke sind am Kilimanjaro wichtig.
Ob es am Abend aufreißt, ob wir unser Ziel doch

noch zu sehen bekommen? Nein, Regentropfen schlagen beim Abendessen gegen die Scheibe. Frau von Lany gibt uns letzte Anweisungen aus eigener Erfahrung. Zweimal hat sie den Kibo „hinter ihrem Haus" bestiegen. „Langsam gehen, nur nicht hetzen. Oben in der Kibohütte nur wenig und leichte Kost essen. Und nicht den Mut verlieren, langsam gehen!"

Wer Berge besteigen möchte, sollte früh aufbrechen. Diese alte Regel gilt nicht am Kilimanjaro. Wir lassen uns Zeit, obwohl wir alle voller Ungeduld frühstücken. Aber die schweren Regentropfen und der dunkelgraue Himmel locken keineswegs zum Aufbruch. Joachim, Camili und Vincent sind schon im Hotel. Camili lacht laut und fröhlich, singt ein Lied vom Kilimanjaro und begrüßt mich mit einem lauten „Jambo Papa". Joachim schaut ernster zum Himmel, drückt mir die Hand und meint: „Strong rain today, much snow on the mountain!" Ich möchte am liebsten losgehen, aber Joachim winkt ab und meint in seiner Chaggasprache nur: pole, pole! (langsam, langsam).

Unsere mitgebrachten Seesäcke stopfen wir in regendichte Plastiksäcke, die uns Frau von Lany zur Verfügung stellt. George läßt den Motor an und freut sich, daß er bei diesem Sauwetter nicht auf den hohen Berg steigen muß. Er fährt uns mit den Führern und der Ausrüstung bis zum Marangutor auf 1800 m Höhe. Die Gipfelregion des Kilimanjaro ist Nationalpark mit einem Tor, an dem man die Hüttengebühr bezahlt, die Paßnummern in ein Buch eintragen läßt und notfalls noch Ausrüstung wie Bergschuhe und Regenkleidung ausleihen kann. Hier am Tor warten 11 Träger auf unsere Lasten, ihnen scheint der Regen wenig auszumachen. Mit nackten Oberkörpern schleppen die Chaggas fröhlich unsere schweren Säcke auf ihren Köpfen in den Urwald, in der Hand tragen sie noch Lampen und Wasserkanister. Schon nach wenigen Minuten erreichen wir eine Waldlichtung, auf der eine Gedenktafel, errichtet vom Bibliographischen Institut Mannheim, das Reliefbild von Dr. Hans Meyer trägt.

Darunter steht in bronzenen Buchstaben:

„Hans Meyer
1928 im siebzigsten Lebensjahr.
Zur Erinnerung an Hans Meyer,
den Erforscher und Erstersteiger des Kilimandscharo.
(Zusammen mit Ludwig Purtscheller, 6. 10. 1889)
und an Marealle I von Marangu,
seinen Freund und Förderer seiner Unternehmungen."

Rund um den Kilimanjaro erstreckt sich ein bis zu 30 km breiter Regenwaldgürtel zwischen 1800 und 3000 Höhenmetern. Baumriesen mit graugrünen Filzbärten, Lianen, Orchideen und riesige Farnkräuter. Moose und Flechten bedecken Bäume, Felsen und sogar die Erde. Regentropfen funkeln auf vielen hundert Spinnweben. Vögel flattern durch den Dschungel, Colobusaffen zetern hoch oben in den Bäumen und scheinen auf unseren Trupp zu schimpfen. Der Weg ist breit und ausgetreten und so rutschig, daß wir froh sind über unsere Skistöcke, von denen wir die Schneeteller entfernt haben. Noch kann ein Jeep den Pfad bewältigen, aber rechts und links können wir kaum in den dichten Wald hineinschauen, ohne Buschmesser scheint ein Eindringen unmöglich. Bald schon erkennen wir, daß das Nackt- und Barfußgehen unserer Chaggaträger viel vernünftiger ist als unsere wasser- und atmungsdichte Regenkleidung. Es ist nicht kalt, und wenn die Gummi- und Plastikumhänge auch den Regen ein wenig abhalten, so schwitzen wir rasch von innen her wie in einer Sauna. Bergschuhe sind für Berge gemacht, nicht für Schlamm und Pfützen, durch die wir Schritt um Schritt weiter und höher steigen. Der Wald müßte herrlich sein und auch der Weg, wenn es trocken wäre! So sehen wir weder das eine noch das andere, wir sprechen kaum, jeder flucht innerlich über das schlimme Wetter und unser Vorhaben, das uns langsam idiotisch vorkommt. Nur die Träger singen und plappern fröhlich in ihrer Chaggasprache vor sich hin.

Gedenktafel an Hans Meyer am Marangutor.

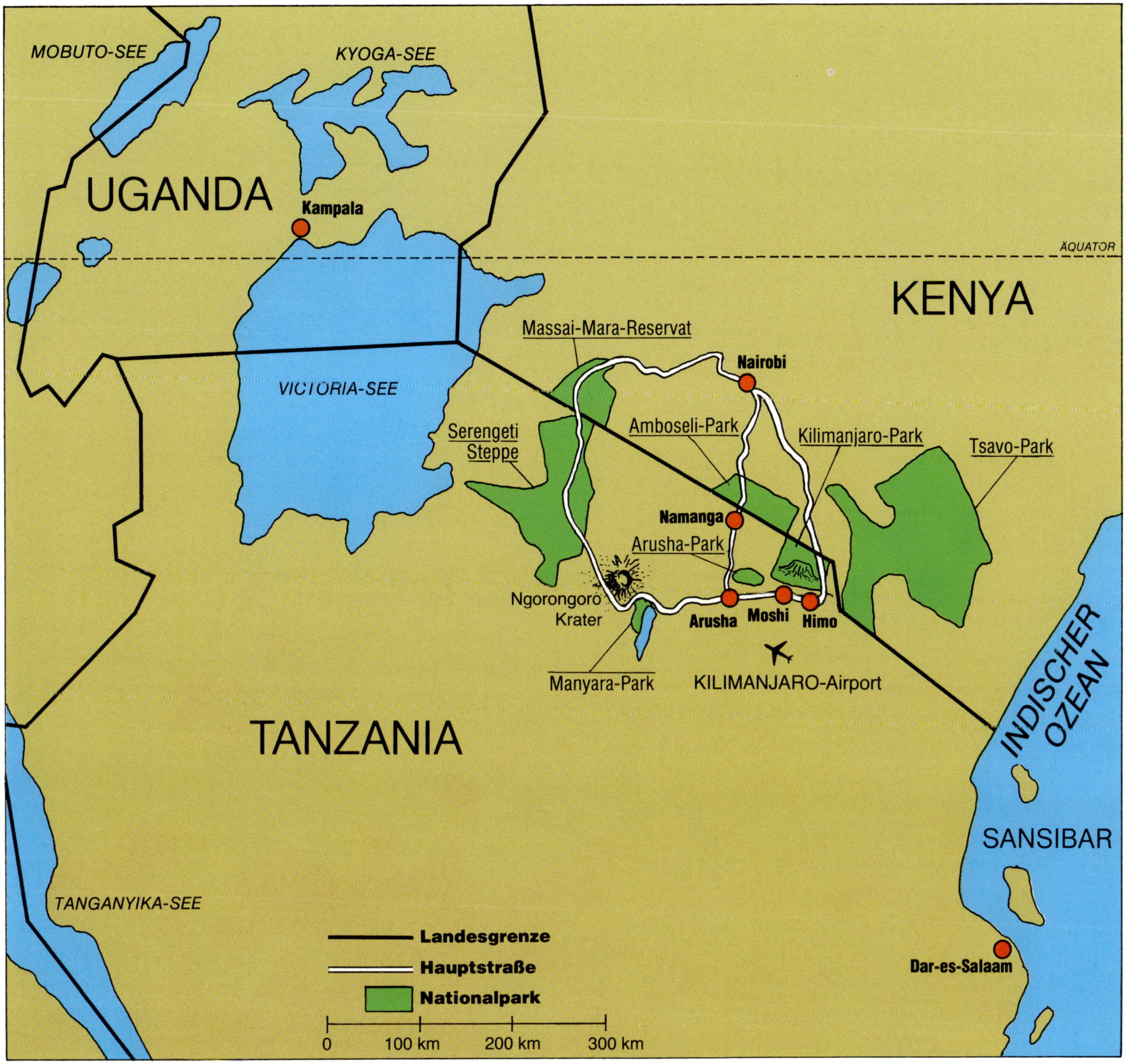
MOBUTO-SEE
KYOGA-SEE
UGANDA
Kampala
ÄQUATOR
KENYA
Massai-Mara-Reservat
Nairobi
VICTORIA-SEE
Serengeti Steppe
Amboseli-Park
Kilimanjaro-Park
Tsavo-Park
Namanga
Arusha-Park
Ngorongoro Krater
Arusha
Moshi
Himo
Manyara-Park
KILIMANJARO-Airport
INDISCHER OZEAN
TANZANIA
SANSIBAR
TANGANYIKA-SEE
Landesgrenze
Hauptstraße
Nationalpark
0
100 km
200 km
300 km
Dar-es-Salaam

„Wir trocknen spätestens übermorgen, dann liegen diese verdammten Regenwolken unter uns“, versuche ich „meine Leute“ aufzumuntern.
„Jetzt ist sowieso alles naß und egal“, antwortet Helga und springt ohne jede Vorsicht durch ein knöcheltiefes Wasserloch.
Eigentlich wollten wir nach einer Wegstunde rasten und etwas essen. Aber daran denkt niemand mehr. Nur noch an das hoffentlich dichte Dach der Mandarahütte.
Die Statistik sagt, daß es hier an über 300 Tagen im Jahr regnet. Selbst in den Schön-Wetter-Monaten Dezember und Februar und im Juli, August und September. Aus den heißen Steppen rund um den Kilimanjaro steigt warme Luft auf und kondensiert in Höhen um 3000 m zu Regen.

Schon nach zwei Gehstunden wechselt die Vegetation. Der dunkle Urwald macht einer lichten Farnlandschaft Platz. Mannshohe Farne stehen so eng am Weg, daß sie uns seitlich noch zusätzlich durchnässen. Wie durch eine Autowaschanlage steigen wir schließlich einem weiteren kleinen Wäldchen entgegen, durch das der Pfad über nasse Wurzeln und glattes Holz steil bergauf führt. Dann folgt wieder eine mit Farnkraut bestandene Lichtung, an deren Ende wir – Gott sei Dank – die braunen Dächer der Mandarahütte erkennen. 14 km sind wir durch den Regen gelaufen, fast 1000 Höhenmeter haben wir am ersten Tag erklommen. Nur zweieinhalb Stunden hat der nasse Marsch durch den Wald vom Marangutor bis hierher gedauert. Gesehen haben wir fast nichts. Dafür sind Schuhe und Socken und überhaupt alles durchweicht – und hier in der Höhe von 2730 m kriecht doch langsam die Kälte des Berges durch unsere nasse Kleidung und bringt die Haut trotz Äquatornähe zum Frösteln. Da hocken wir sieben in der gemütlichen Holzhütte um den brennenden Ofen und schieben Schuhe, Strümpfe und Jacken wie bei einem Grillfest rund um die rote Glut.
Die Hüttenkette auf dem Kilimanjaro-Normalweg wurde von norwegischen Entwicklungshelfern neu errichtet. Die frühere Bismarckhütte, ein flaches weißes Steinhaus, steht auch noch, etwa hundert Schritte hinter der neuen Mandarahütte, die nach einem Stammesfürsten aus Moshi benannt wurde. Die Norweger bauten hier nicht nur einzelne Hütten, sondern ganze Ansiedlungen mit Haupt- und Nebenhütten, mit Koch- und Schlafplätzen, für Bergsteiger und Träger getrennt. Die Mandarahütte, aus Holz gebaut, verfügt über einen geräumigen Tagesraum mit Tischen und Bänken und einem Ofen in der Mitte. Eine schmale Stiege führt nach oben. Hier stehen doppelstöckige Holzbetten in zwei langen Reihen und bieten 20 Personen Platz

zum Übernachten. Schlafsäcke und Decken sind nicht vorhanden, sie müssen mitgeführt werden. Darüber hinaus gehören zur Mandarahütte noch ein Dutzend kleinere Schlafhütten, alle im selben Baustil mit tief heruntergezogenen Dächern errichtet, mit jeweils zwei getrennten „Zimmern", in denen je vier Betten stehen. Die Träger haben ihre eigene Küche wenige Schritte unterhalb der Haupthütte, es gibt einen Waschplatz mit fließenden Leitungen und eine saubere Toilettenhütte ein wenig abseits. Da die Hütten und der gesamte Weg vom NATIONALPARK KILIMANJARO betreut werden, gehört auch ein Hüttenwirt zu Mandara. Er sorgt für Ruhe, Ordnung und Sauberkeit und verkauft Cola, Bier und andere Getränke. Am Abend hängt er Glühstrumpflampen in den Tagesraum. In den Schlafräumen gibt es kein Licht, deshalb gehören Taschenlampen in jeden Rucksack eines Kibobesteigers. So strahlt die Mandarahütte, nicht zuletzt durch den eigenwilligen, der Landschaft gekonnt angepaßten Baustil und durch das Lachen der immer fröhlichen Chagga-Träger, eine ähnliche Gemütlichkeit wie wohlorganisierte, zünftige Alpenhütten aus.

Kaum sind wir angekommen, streckt Camili seinen breiten Kopf zur Tür herein und ruft: „Tea is ready!" Mit dem Tee serviert er Kuchen und Kekse. Unser Denken und Tun dreht sich weiter um das Trocknen der Kleidung. So verbringen wir den Nachmittag mit immer neuen Kunstgriffen am Ofen und drehen, schieben und wenden Schuhe, Jacken, Hosen und anderes nasses Zeug. Regen trommelt weiter auf die breite Holzveranda vor der Eingangstür. Da hängt auch ein Thermometer. Es zeigt jetzt in fast 3000 m Höhe Ende Januar noch 12° über Null.

Unsere schwarzen Köche, durch Frau v. Lany wohl unterrichtet und angelernt, sind wahre Zauberer in ihrer kleinen rauchigen Küche. Suppe, Fleisch, Bratkartoffeln, Gemüse und sogar Pudding, alles bestens und sauber zubereitet, servieren uns die Chaggas am Abend.

Joachim sieht das Wetter für morgen pessimistisch und möchte wissen, ob wir auch bei Regen weiter aufsteigen werden. Ich sehe nur das Bild des Kibo bei unserem Anflug: der leuchtende Schneegipfel hoch über den Regenwolken!

Seite 28 *Die beiden Chagga-Kinder aus Marangu freuen sich über ihre einfachen selbstgebastelten Holzroller mehr als unsere Kinder über ihren Massenkonsum an Spielzeugen.*

Seite 29 *Typische Chaggahütte in den Bananenplantagen von Marangu.*

„Wir werden gehen, es müßte schon mit dem Teufel zugehen, bevor wir aufgeben!“
„We all reach top, but much snow!“ ruft Camili fröhlich grinsend in die immer noch nicht trockene Runde. Dieser stämmige und große Mann strahlt so viel Optimismus aus, daß man gar nicht umkehren kann, solange er weitergeht. Joachim ist sachlicher, ruhiger. Er trägt Verantwortung und nimmt sie ernst. „Die Wolken sind hoch, höher als der Kilimanjaro. Wir werden es im Schnee sehr schwer haben. Aber wir sollten es versuchen.“
Das Singen, Husten und Plappern der Träger weckt mich. Am Morgen husten die Chaggas so, als ob sie alle ihre Lunge ausspucken wollten. Das wundert mich gar nicht, denn ich war in ihren total verräucherten Hütten. Sie haben keine vernünftigen Schlafsäcke und nicht einmal warme Jacken, geschweige denn Socken an den Füßen. Auch sie kommen durchgeschwitzt von den schweren Lasten oder vom Regen durchweicht hier oben an – und dann heizen sie mit nassem Holz, was das Zeug hergibt. Die ganze Nacht hindurch!
Die Sonne scheint – ist das wahr? Ich sause aus dem Schlafsack ins Freie. Blauer Himmel, eine prächtige Aussicht, erste Sonnenstrahlen sind schon auf der Hütte. Blumen, triefende Bäume, lachende schwarze Männer, Geklapper von Kannen, Tassen und Töpfen.
„Breakfast ready!“ schreit Camili in den exotischen Morgen, „Sunshine today, Sir!“
Auch Joachim ist fröhlich gestimmt, meint aber: „Yes sunshine. Only for some hours!“
Unsere kleine Schar ist voller Zuversicht und schreitet wacker durch den dunklen Wald höher hinauf. Ich möchte jetzt in der Morgensonne liegen, nur einige Minuten lang! Aber hier ist nur nasser, schattiger Wald, in dem es weiter tropft, und der Weg ist ein Bach: voller Schlamm, glitschiger Wurzeln und Wasser. Nie sah ich so große bartartige Flechten, die hier wie Vorhänge vor die Sonne gezogen sind. Mehr rutschend als gehend bewegen wir uns vorsichtig höher. Ob der Himmel noch blau ist? Im Urwald ist das nicht zu erkennen. Knapp 30 Minuten sind wir unterwegs. Dann steigen wir wie durch ein Tor ins Freie, in eine leicht hügelige herrliche Heidelandschaft mit einzelnen blühenden Buschgruppen, die wie Farbtupfer im Grün der Landschaft liegen. Geblendet werden wir durch den Dom des Kilimanjaro, der jetzt zum ersten Mal auf unserem Weg direkt vor uns, nein über uns, liegt, „hoch und unvorstellbar weiß“!*

Über der fruchtbaren Lavalandschaft steht der graue vegetationslose Aschenkegel des Kibodomes mit gewaltigen Schutthängen und mächtigen Glet-

* Ernest Hemingway, siehe auch Seite 145.

schern, die sich vor allem im Süden des breiten Kraters weit hinunterziehen. Immer wieder habe ich gehört, daß der Gipfelgang zum Kibo eine endlose Stapferei in grundloser Asche sei. Aber jetzt zieht sich Neuschnee bis hinunter zur Kibohütte, die wir von hier allerdings nicht sehen können. Rechts vom Kibo (östlich), direkt vor uns, ragen die steilen zerfressenen Felsen des Mawenzi in den blauen Himmel und erinnern an Kletterberge der Dolomiten. Das unvergeßliche Schauspiel dauert nur wenige Minuten. Plötzlich sind wieder Wolken am Himmel, Windböen jagen über die Heide, und schon nebeln sich Mawenzi und Kibo ein. Eben waren noch mehrere kleine Vulkankegel unweit unseres Pfades zu erkennen, jetzt ist nichts mehr zu sehen außer den zahllosen gelben Strohblumen direkt am Wege. Wie riesige Kerzen stehen die Blüten der Riesenlobelien im Steppengras. Wir haben gerastet, geschaut und fotografiert. Unsere Träger sind schon singend weit voraus. Nur Joachim bleibt bei uns. Er ist stets der Schlußmann und trägt, wenn es sein muß, den Rucksack des Schwächsten.

Unser Pfad führt, nur langsam steigend, in ein richtiges Hochmoor hinein, dann wird es felsiger. Es beginnt zu regnen. Grau und kalt ist die Welt hier oben. Wir müssen oft steil hinunter in kleine Flußläufe – und da stehen sie wie schemenhafte Kobolde: die berühmten Riesensenecien, das Riesenkreuzkraut. Fast könnte man diese eigenartigen Pflanzen für verirrte Palmen halten. Nur Nebel und Wetter passen nicht zu einem südlichen Palmenhain. Die Pflanzen sind zwei bis drei Meter hoch, haben einen verhältnismäßig dünnen Stamm und eine palmenähnliche Blütenkrone wie ein Beatlekopf. Botaniker haben herausgefunden, daß diese eigenartigen Kibogewächse in großer Höhe nur sehr langsam wachsen und bis zu zweihundert Jahre alt werden. Wir finden sie seltsamerweise nirgendwo anders auf der Welt, nur hier in Ostafrika an den Hängen der hohen Berge Kilimanjaro, Mt. Kenia und Ruwenzori. Vermutlich haben die Senecien und Lobelien einmal ganz Ostafrika besiedelt. Es muß damals kälter gewesen sein. Als die Eiszeiten sich zurückzogen, wurde es zwischen den ostafrikanischen Bergen so warm, daß sich die Pflanzen, die aus der Urzeit zu stammen scheinen, hierher zurückgezogen haben. Natürlich träume

Seite 32 *Der Garten des Maranguhotels gleicht im Sommer wie im Winter einem Blumenparadies. Unser Foto zeigt den Blick von der Hotelterrasse auf feuerrot blühende Bäume.*

ich von warmer Abendsonne auf den botanischen Weltraritäten für meine Bilder, aber wir erleben sie nur als gespenstische Schatten im nassen Nebel: grau, farblos, geisterhaft. Ein Vergleich mit dem Totengrund in der Lüneburger Heide ist gar nicht so weit hergeholt.

Von der Mandarahütte bis zur Horombohütte, unserem heutigen Tagesziel, sind es etwa 15 km und wieder 1000 Höhenmeter. Aber der Weg will kein Ende nehmen. Immer wieder geht es Geländestufen hinauf, und dahinter liegen neue Täler und Mulden, die durchwandert werden müssen. Wir sind schon so hoch wie der Großglockner, deshalb fällt das Steigen schwer, unser Atem geht rasch, und jeder hofft, hinter dem nächsten Kamm endlich die Hütte zu sehen.

Die Horombohütte liegt 3700 m hoch und hieß früher Petershütte (nach dem deutschen Afrikaforscher Karl Peters benannt). Sie ist von den Norwegern in gleichem Stil gebaut wie die Mandarahütte, nur größer. Über hundert Betten stehen hier für die Übernachtung zur Verfügung. Das Ganze sieht aus wie eine kleine Stadt in einer einsamen Wildnis. Die riesige Funkantenne unterstreicht den zivilisationsfernen Ort noch. Der Hüttenwart hat von Horombo aus ständigen Funkkontakt zur Parkverwaltung und nach oben zur 1000 m höher gelegenen Kibohütte. Die moderne Funkstation wird durch Solarzellen mit Energie versorgt. Auf dieser Hütte übernachten Kibobesteiger normalerweise zweimal, beim Auf- und Abstieg, während in Mandara- und Kibohut nur je einmal während des Aufstieges geschlafen wird. Besser wäre es, wenn man hier dreimal übernachten würde. Man sollte beim Aufstieg in Horombo einen Ruhetag einschieben. Das erscheint mir äußerst wichtig für die Höhenakklimatisation. Wenn der Weg auch technisch leicht ist, ab Horombohütte wird es ernst mit der Höhenkrankheit.

Naß wie wir alle kommt auch Joachim in die Hütte: „Very bad rain! Camili is making hot soup. You can have beer also, you like?“

Es ist die letzte Möglichkeit, während des Kiboaufstieges Bier zu kaufen. Aber bei dem Sauwetter freuen wir uns auf Suppe und heißen Tee. Das Außenthermometer zeigt nur wenige Grad über dem Gefrierpunkt. In Daunenjacken hocken wir deprimiert und mutlos um den Holztisch und lauschen auf das permanente Trommelfeuer des Regens. Gegen Abend klart es kurz auf, ein schmaler Streifen Abendrot wird sogar sichtbar und läßt ein dichtes Wolkenmeer unter uns leicht rosa aufleuchten. Gut ist, daß wir alle noch mit großem Appetit essen. Auch der schlechte Wetterbericht für morgen, den wir am Funkgerät mithören, kann unseren Auftrieb nicht bremsen.

Von der Horombohütte zieht sich der Weg durch eine lange Schlucht voller Riesensenecien hinauf zum Kibosattel, 4500 m, in eine Landschaft, die mich stark an das isländische Hochland erinnert. Außer einigen Flechten und kleinen Strohblumen, die sich in Sturm und Kälte oft kreisförmig eng an die Felsen schmiegen (das Kilimanjaroedelweiß), gibt es hier oben keine Vegetation mehr. Zu sehen ist nichts, kein Kibo, kein Mawenzi, obwohl dieser Berg nur zwei Kilometer von uns entfernt liegt. Der Regen ist unangenehm kalt geworden, und schnelles Gehen, um warm zu werden, ist in dieser Höhe kaum noch möglich. Die Träger schleppen jetzt außer unserer Ausrüstung noch schwere Wasserkanister mit. Die letzte Quelle befindet sich knapp unter dem Sattel. Wie an allen Aufstiegstagen müssen auch heute 1000 Höhenmeter und 13 km Entfernung bewältigt werden. Wir sprechen wenig und grüßen nur herunterkommende Träger mit dem landesüblichen JAMBO. Der Kibodom muß jetzt direkt vor uns steil aufsteigen, an seinem Fuß liegt die Kibohütte. Aber die letzten hundert Höhenmeter ziehen sich endlos dahin, schließlich haben wir schon Mt.-Blanc-Höhe erreicht.

„Pole, pole", ermuntert uns Joachim, der jetzt Helgas Rucksack trägt. Helga und Gerda sind um nichts schwächer oder langsamer als wir Männer. Wenn Rainer auch ständig über das Wetter, den Weg und den Kibo schimpft und damit doch nichts ändert, so hören wir es kaum. Wir kennen ihn mit seinem Pessimismus alle und nehmen das nicht mehr ernst.
Da taucht die Kibohütte auf, ein graues, kaltes Steinhaus im Nebel. Anders als Mandara und Horombo. Kein Tagesraum, kein Ofen, kein wärmendes Holz! Aber Betten und dazwischen ein Tisch. 4700 m zeigt mein Höhenmesser. Kopfschmerzen stellen sich ein mit Appetitlosigkeit. Wir ziehen alles an, was wir in den Rucksäcken mitgeschleppt haben, und legen uns in die Schlafsäcke. Der Gipfel liegt noch über 1000 m über uns, vermutlich nicht mehr im Regen, sondern in dichtem Schneetreiben. Camili bringt heißen Tee. Zusammen mit Joachim gehe ich zur Funkstation, fünfzig Schritte von der Hütte entfernt. Marangu meldet schlechtes Wetter für den kommenden Tag.
Rainer klagt am Abend über ernste Beschwerden: Magenschmerzen, Durchfall und Atemnot. Er

Seite 36 Regentropfen funkeln im Spinnennetz am Wege.

Seite 37 Bartartige Flechten verdunkeln das Sonnenlicht im Regenwald.

möchte auf den Gipfelgang verzichten. Auch Dieter meldet Bedenken an. „Warum soll ich da hinaufgehen? Zu sehen gibt es sowieso nichts!"
Niemand schläft richtig fest. Wir dösen vor uns hin, schlafen ein, werden wieder wach und denken an das schlimme Wetter und den hohen Berg dort draußen. Um Mitternacht höre ich Schritte, Schritte von schweren Bergschuhen.
Joachim klopft und stellt eine Öllampe auf unseren Tisch.
„Ich gehe nicht mit", meldet sich Rainer.
„Ich auch nicht!" Das ist Dieter. „Ihr seid verrückt, wenn ihr mitten in der Nacht auf den idiotischen Berg steigt!"
„Wenn keiner geht, gehe ich alleine mit Joachim." Das ist Helgas Stimme.
„Hast du keine Kopfschmerzen?" fragt Dieter.
„Hab ich, aber ich will trotzdem hoch."
„Verdammte Weiber, wenn ihr geht, gehe ich auch! Wann gebt ihr endlich mal auf?"
Dieter kriecht aus seinem Schlafsack und hält sich den dröhnenden Kopf. Helga ist schon fast marschfertig angezogen. Wieder Schritte. Camili, in Bergschuhen, Gamaschen, einer dichten Parka und mit einer Wollmütze auf dem Kopf, stößt mit dem Fuß die Tür auf. Er bringt heißen Tee mit Keksen und strahlt: „Much snow, Sir!"
Es dauert, bis ich die Gamaschen festgezurrt habe und in die Daunenjacke schlüpfe. Ich schaue vor die Tür. Alles ist weiß verschneit, und dicke Flokken tanzen im Schein der Taschenlampe wie bei einer Märchenweihnacht. Die Sicht beträgt keine zehn Schritte.
„Es schneit!"
„Das ist nicht wahr", erwidert Dieter, „das gibt es nicht, hier am Äquator!"
„Doch – Schnee am Kilimanjaro!"
Rainer lacht fast schadenfroh: „Haut endlich ab und laßt mich weiterschlafen!"
Plötzlich steht Joachim unter uns. Der Schwarze vom Äquator in warmer Bergkleidung mit Schneebrille, dicken Stiefeln, Gamaschen, Wollfäustlingen und einer Sturmhaube auf dem braunen Kopf. Er nimmt die Öllampe in die Hand und mahnt zum Aufbruch: „We will make the top of Kilimanjaro today, pole, pole!"

Wer hätte das diesen halbnackten Chaggas zugetraut, die dort unten in Marangu und Moshi Bananen pflanzen und auf ihren Fahrrädern singend und albernd zum Markt fahren. Vor genau 80 Jahren schrieb Hans Meyer nach seiner zweiten Kilimanjarobesteigung: „Es ist ausgeschlossen, daß die Eingeborenen den Europäer bis auf und über das Eis hinaus begleiten; sie können es weder physisch leisten, noch besitzen sie die psychische

Kraft, um allen den sie bedrohenden Eindrücken einer ihnen gänzlich fremden, unheimlichen und feindlichen Welt standzuhalten. Ich habe es zwar fertiggebracht, auf der Westseite des Kibo einen Schwarzen bis zur unteren Gletschergrenze mitzunehmen, aber dieser Mann, ein Soldat der Station Moshi, war ein Unikum an Gewandtheit und Mut; von den Kilimanjarobewohnern selbst ist niemals einer der Eisregion auch nur nahegekommen. Was hätten auch diese Positivisten, die immer nur dem nächsten Nutzen nachgehen, dort oben in den Stein- und Schneewüsten zu suchen?"*

Über zweihundertmal ist Joachim auf den Kibo gestiegen. Jetzt geht er langsam voraus in den Schnee, tritt eine Spur und leuchtet mit der Lampe. Ich folge, dann kommen Helga und Gerda, Dieter und Camili machen den Schluß. Auch Camili trägt eine Öllampe. Vincent bleibt unten.

Es ist schon eigenartig, mit diesen Schwarzen, die inzwischen zu Freunden geworden sind, in Nacht und Schnee hinauszustapfen, in tiefen Schnee, hoch über dem Äquator. Das alles sieht bei Joachim und Camili so selbstverständlich aus, als ob sie nie etwas anderes getan hätten. Nein, diese Männer kann ich mir nicht in Bananenplantagen vorstellen, sie gehören hierher in den Schnee, in das Abenteuer. Während wir wortlos sehr langsam höher steigen und nur die Schuhe im Schnee zu hören sind, muß ich an die ersten Chaggas denken, die bis hierher vordrangen. Eine Geschichte zum Schmunzeln, die der Engländer Charles New 1872, also lange vor Hans Meyer, erlebte und niederschrieb: „Mit dem Chagga Tosiki war eine große Veränderung vorgegangen. Er konnte mit mir nicht mehr Schritt halten, obgleich ich ihn beständig dazu anfeuerte. ‚Langsam, Langsam, Herr', stöhnte er. Ich mäßigte allmählich meinen Schritt, aber immer wieder blieb er zurück und wurde zunehmend schwächer. Wenn wir haltmachten, um Atem zu schöpfen und zu ruhen, fiel er mehr nieder, als daß er sich setzte. Seine Anstrengungen, zu sprechen, brachten es nur noch zu einem Lispeln. Endlich sagte er mit erheuchelter Resignation: ‚Der Aufstieg auf diesen Berg ist nichts für mich; gleichwohl aber möchte ich nicht, daß ihr euer Ziel aufgeben müßtet, nur fürchte ich, nicht viel weiter mehr gehen zu können.' Sicher war es, daß nichts als die absoluteste Notwendigkeit dieses

* Hans Meyer, Kilimandjaro, Berlin 1900.

Seite 40 Aufstieg im Regen durch mannshohe Farne unterhalb der Mandarahütte.

Geständnis hatte entlocken können. Natürlich lag es mir fern, ihn auf eine allzu harte Probe zu stellen; doch wo wir jetzt so nahe am Ziel waren, glaubte ich doch, ihm von neuem Mut einsprechen zu sollen. Ich lockte ihn von einer Stufe zur anderen, bis er endlich zusammenbrechend und nach Atem schnappend, stammelte: ‚Herr, ich kann nicht mehr, doch wenn ihr Kraft genug habt, so versucht es allein und kümmert euch nicht um mich. Ich möchte, daß ihr euer Ziel erreicht, ich will hier auf euch warten. Wenn ihr gesund zurückkommt, gut, wenn nicht, werde ich mich nicht von der Stelle rühren und hier sterben.‘ Und der gute, treue Bursche meinte jedes Wort so, wie er es sagte. Ich würde ihn sicher auch dem ewigen Schnee nicht geopfert haben, doch jetzt konnte ich mein Ziel noch nicht aufgeben. Wenn ich nur den Schnee mit der Hand berühren konnte, wollte ich schon zufrieden sein, und jetzt schien dies möglich.

Dicht vor mir erhob sich der Eisdom des Kibo, auf dessen Südostflanke eine lange Mulde mit Schnee oder Eis angefüllt war. Um den Schnee zu erreichen, mußte ich entweder direkt aufs ungewisse darauf zugehen oder den Grat zwischen Kibo und Mawenzi überschreiten und dann zu der Mulde, wo ich den tiefsten Schneefleck sah, hinabsteigen. Aber würde der Niederstieg, den ich von hier nicht übersehen konnte, möglich sein? Es schien mir besser, auf gut Glück den direkten Weg zu dem Schnee zu versuchen. Ich setzte also meinen Weg fort, doch es war ein hartes Stück Arbeit, denn das Atmen wurde mir so schwer, daß ich nach wenigen Schritten immer haltmachen mußte, um Luft zu schöpfen. Auch die Gefühle, welche die ungeheure Einsamkeit erweckte, verbunden mit dem Gedanken, auf einer Höhe zu stehen, die noch kein menschliches Wesen vor mir erstiegen hatte, waren überwältigend. Die Situation mußte wahrhaft grausig genannt werden. Die Umgebung erschien von solcher Großartigkeit und Pracht, daß es beinahe zu viel für mich war; anstatt mich zu erheitern, bedrückte sie mich.

Ich war indessen nicht weit gegangen, als ich an einen fürchterlichen Abgrund kam, welcher sich fast lotrecht zwischen mir und dem Schneefleck abgrenzte, zu dem ich zu gelangen hoffte. Diese Schlucht war das einzige, was mich noch von dort trennte; aber war sie das einzige? Der Schnee lag auf einer Höhe mit meinem Auge, doch meine Hand zeigte sich zu kurz, ihn zu erreichen. Der Mut entsank mir; indes, ehe ich ordentlich Zeit hatte, meine Lage zu prüfen, blieben meine Augen zu meinen Füßen haften, wo ich Schnee erblickte. Da lag er auf den Felsen unter mir in leuchtender Menge, wie ein frisch gewaschenes und schlafendes Lamm.

Hurra! Ich vermag nicht das Gefühl zu beschreiben, das mein Herz in diesem Augenblick durchdrang. Hurra! Ich dachte an Tosiki. Indem ich eine kleine Strecke zurückging, rief ich, so laut ich konnte, und nach kurzer Zeit erschien er, ganz entsetzt. Was mußte ich gesehen haben? So kraftlos er auch war, so durchzuckte ihn doch mein Geschrei wie ein Pfeil und gab ihm neue Stärke. Er erwartete mich mindestens in den Händen eines Ungeheuers zu finden, das sich anschickte, mich in einen bodenlosen Abgrund zu schleudern. Als er die Stelle erreichte, wo ich den Schnee gesehen hatte, rief er aus: ‚Da, da ist der Schnee, was wollt ihr mehr, Herr?' ‚Nichts', bemerkte ich, ‚doch wir müssen etwas davon mit uns nehmen.' Die Masse aber war so hart gefroren, daß sie dem Fels selbst glich, aber mit dem spitzen Ende der Lanze brachte ich einige große Stücke heraus. Tosiki nahm sie in eine wollene Decke, schlug dieselbe um seine Schultern, und fort ging es, im Triumph bergab. Ich eilte so schnell als möglich, denn mir schwindelte der Kopf dermaßen, daß ich fürchtete, ohnmächtig zu werden.

Auch Tosiki sah wild und sonderbar aus; außerdem kam der Mittag heran, und die Nebel mußten bald den Berg umfegen und es uns schwierig machen, unsere Gefährten wiederzufinden. Wir folgten zunächst unseren Fußstapfen in dem Sand, und nachdem wir wieder in die Felsenregion gelangt waren, gab uns der Rauch, welcher von den Feuern unserer Leute aufstieg, den Weg an. Als wir die Männer erreichten, sahen sie uns fragend an, als ob sie sagen wollten: ‚Und, was habt ihr ausgerichtet?' Tosiki warf seine Schneelast hin und sagte: ‚Da ist die weiße Masse, seht sie an, der Kibo ist endlich besiegt!' Ich nahm den Schnee und fing an, ihn zu verzehren, als ob es die größte Delikatesse wäre. Da sahen sich die Leute untereinander an mit der stummen Frage, was hat der Weiße nun wieder vor, während einige laut äußerten: ‚Wer sah einen Menschen jemals Steine essen?' Mtema, einer der Chagga, gaffte zuerst in den Schnee und dann mich an, blieb aber vor Staunen stumm. ‚Esset selbst', sagte ich. Er sah bestürzt aus, führte ihn aber nach einer Weile an den Mund und rief freudig aus: ‚Wasser, Wasser! Wir wollen es hinunter zum Häuptling schaffen.' ‚Ja', sagte Sadi, ‚und ich will etwas davon mit an die Küste nehmen und es als Medizin verkaufen. Jedermann wird ein Stück von dem

Seite 44 *Camili Lyatonga lacht trotz schwerster Lasten und schlechten Wetters.*

Seite 45 *Völlig durchnäßt erreichen unsere Träger die Mandarahütte.*

weißen Zeug des Kilimanjaro haben wollen.' Ich erklärte ihnen, daß er zerschmelzen würde, ehe wir nach Chagga kämen, aber sie lächelten ungläubig und sprachen: ,Wer hörte jemals von Steinen, daß sie geschmolzen wären?' Der Schnee wurde darauf zerstückelt und in eine der Kürbisflaschen getan. Tosiki und ich fühlten uns wieder ganz wohl; kaum hatten wir eine tiefere Region der Atmosphäre erreicht, so kehrte auch unsere Kraft zurück, und es wurde uns zuletzt, als seien wir neu geboren."

Soweit der Bericht vom ersten Europäer und dem ersten Chaggaträger, die den Schnee des Kilimanjaro erreichten. Hans Meyer schleppte nach seiner zweiten Besteigung tatsächlich ein Stück Gipfeleis hinunter und präsentierte es den staunenden Häuptlingen. Darüber schreibt er: „Die kalte Nacht konservierte die Scholle und am Morgen wurde sie, in trockenes Gras und Blätter gewickelt, einem Träger aufgebunden, der sie richtig – wenn auch auf die Hälfte zusammengeschmolzen – bis in das warme Chaggaland hinunterbrachte. Hier in Kibosho strömte nun auf die Wundermär hin das Volk nebst Häuptling und Gefolge zusammen, um ein Stück der merkwürdigen weißen Substanz, die sie tagtäglich aus der Ferne sehen, aber noch nie aus der Nähe betrachtet haben, zu befühlen, anzustaunen und nach Negerart namentlich – zu belachen. Wir aber zogen eine praktische Konsequenz daraus: Ich holte die letzte der wenigen für Krankheitsfälle mitgebrachten Halbflaschen von Mathäus Müller hervor, und zum ersten Mal, seit der Kilimanjaro steht, wurde an seinem Fuß auf Kiboeis gekühlter deutscher Schaumwein getrunken, zum Wohl der Deutschen Kolonie und ihrer geographischen Erforschung."

Heute, hundert Jahre später, denken und handeln die Chaggas anders. Aus ihnen sind erfahrene Bergführer geworden, harte Burschen, die Schnee, Eis und Wetterbedingungen am Kibo genau kennen und eine Tour im Schneesturm wie selbstverständlich hinnehmen.

„Pole, pole."

Langsam ziehen wir unsere Spur in zunächst weitem Zickzack höher hinauf, vorbei an gewaltigen Felsen und Trachy-Dolerit-Türmen. Es ist nicht sehr kalt, vielleicht nur drei oder fünf Grad unter Null. Der Schneesturm nimmt zu. Wir alle gehen schweigend in Joachims Spur, die er uns im frischen Schnee tritt. Unsere Augen folgen der schaukelnden Öllampe in seiner Hand. Außer der flakkernden Lampe, seiner Spur und den wirbelnden Flocken sehen wir nichts. Unser Puls geht in der Höhe bis über 130 hinauf, die Kopfschmerzen sind erträglich. Bei Himalayaexpeditionen gehen wir nie so rasch in diese Höhen, wir lassen uns wesentlich mehr Zeit für die lebenswichtige Akklimatisation. Nach zwei Stunden erreichen wir in stockdunkler Nacht die Meyerhöhle, die Meyer und Purtscheller bei ihrer Erstbesteigung als Biwakplatz benutzten. Wir rasten kurz, trinken heißen Tee aus der Thermoskanne und essen einige Kekse. Mein Höhenmesser zeigt 5200 m. Gleich hinter der Höhle beginnt der sehr steile Aufstieg durch das direkt zum Kraterrand führende Aschenfeld. Joachim und ich wechseln uns im Spuren ab, eine mühsame Schinderei hier oben! Zehn Schritte nach links, dann wieder zehn Schritte nach rechts. Pause! Über den Skistock gebeugt holen wir lange und tief Luft. Es geht wieder. Zehn Schritte nach links, zehn Schritte nach rechts. Und wieder Atem holen, ausruhen. Wie herrlich das ist, nur eine Minute nicht steigen zu müssen! Der Wind wird immer heftiger und unangenehmer. Lange Zeit hören wir nur unsere Bergstiefel im Schnee und das kurze, ruckartige Atmen. Langsam, sehr langsam, beginnt es zu dämmern. Aber im dichten Schneetreiben ist nichts zu erkennen. Kein Gipfel über uns, kein Gelände unter uns. Wir sind hier alleine im Schneesturm, ohne Umwelt, ohne Verbindung zur Erde, auf der das Leben so schön sein kann, auf der es genug Luft zum Atmen gibt. Unsere Schritte werden kürzer, langsamer, die Pausen immer häufiger. Jetzt winden wir uns wieder durch ein Labyrinth von Felsen hindurch; tiefverschneite, hausgroße Blöcke. Ich lasse Joachim den Vortritt. Wir beide fühlen uns in guter Form, wir gehen allein voraus. Helga, Gerda, Dieter und Camili folgen irgendwo weit unten im Hang. Wir sehen sie nicht, hören aber ihre Schritte und ab und zu auch einen Fluch. Fünf Stunden sind bereits seit unserem nächtlichen Abmarsch vergangen.

Seite 48 *Wenn man wenig anhat, kann auch nur wenig naß werden.*
Der Chagga trägt neben ca. 20 Kilogramm Gepäck auf dem Kopf noch einen Kanister mit 20 Liter Brennstoff.

Seite 49 *Lastentransport hoch über den Wolken unterhalb des Kibosattels.*

Seite 50 *Die Horombohütte in 3700 m Höhe: Gegen Abend klart es kurz auf, ein kleiner Streifen Abendrot wird sichtbar und läßt das dichte Wolkenmeer unter uns leicht rosa aufleuchten. Zwischen den Hütten sind die Antennen deutlich zu sehen; die moderne Funkstation wird durch Solarzellen mit Energie versorgt.*

LBS.
CO., INC

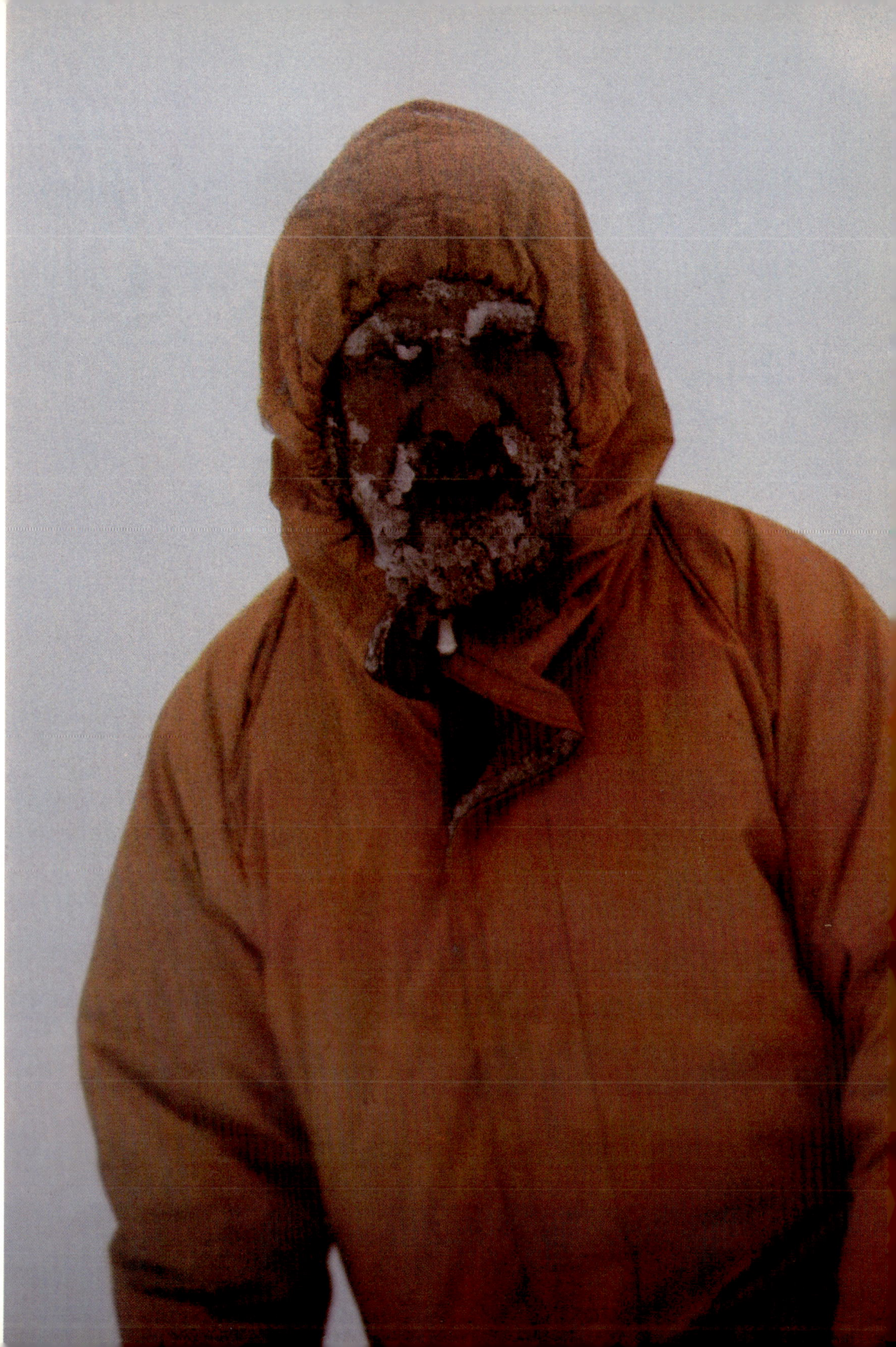

Seiten 52/53 *Marsch durch Regen und Nebel in der „Mondlandschaft" des Kibosattels in 4400 m Höhe.*

Seite 54 *„Wir sind oben, wir haben es geschafft!" Helga, Gerda und Dieter sagen kein Wort. Keuchend lassen sie sich in den Gipfelschnee fallen.*

Seite 55 *Auf dem Kraterrand fährt mir plötzlich kalter Wind in das vereiste Gesicht, so daß ich kaum sprechen kann.*

Unser Kiboführer Joachim Sianga aus Marangu hat diesen Gipfel über 200mal bestiegen und strahlt die gleiche Ruhe und Erfahrung aus wie ein Bergführer in den heimischen Alpen.

Da fährt plötzlich kalter Wind in die vereisten Gesichter und wirft uns fast in den Schnee. Mein Bart hängt so voller Eiszapfen, daß ich kaum sprechen kann. Über uns geht es nicht mehr weiter, nicht mehr höher hinauf, es geht steil hinunter in den Kibokrater. Der Sturm ist so mächtig, daß ich schreien muß, um Joachim etwas zu sagen.
„Gillman's Point?" „Yes, Sir, Gillman's Point!"
Wir umarmen uns, halten uns gegenseitig im Sturm und Schneetreiben fest. Wir sind oben! Ich lasse mich einfach in den Schnee fallen.
Gipfelglück? Nein! Nur tiefe Zufriedenheit, daß wir nicht weiterklettern müssen, daß die Schinderei bei diesem Sauwetter zu Ende ist. Wir wissen, daß wir unser Ziel erreicht haben, aber wir möchten am liebsten schon wieder unten sein.

Während es beim Aufstieg noch erträglich warm war, ist es hier auf dem Kraterrand durch den orkanartigen Sturm so schneidend kalt, daß wir es auf Afrikas Schneedach nicht lange aushalten. Selbst meine Leica ist im und um den Auslöser herum derart vereist, daß ich nicht mehr auslösen kann. Ich ziehe die Handschuhe aus, atme schnell und so lange, wie in der dünnen Luft überhaupt möglich, auf das kalte Metall. Jetzt geht es wieder. Durch den Sucher ist kaum etwas zu sehen! Nach fünfzehn Minuten kommen die anderen.

„Wir sind oben, wir haben es geschafft!"
Wie seltsam meine Stimme durch das fast zugefrorene Gesicht klingt, höre ich erst später im Diktiergerät, das ich immer bei mir habe und auch mit dicksten Wollfäustlingen bedienen kann.
Helga und Gerda sagen kein Wort. Keuchend lassen sie sich in den Schnee fallen. Dieter und Camili bilden den Schluß. In diesem fürchterlichen Sturm ist selbst Camili das Lachen vergangen, und er kauert sich schutzsuchend an die Felsen.
Was haben wir davon? Warum sind wir nicht im warmen Schlafsack geblieben oder im blühenden Garten von Frau von Lany? Dort gibt es jetzt heißen Toast mit Marmelade, Kaffee und Tee, und bunte Schmetterlinge flattern zwischen den duftenden Blumen hin und her. Wir alle sind begeisterte Fotografen, dort unten gibt es hundert exotische Motive, hier dagegen nur verzerrte, kaputte und unendlich müde Gesichter!

„Das Klettern braucht keine Rechtfertigung, ebensowenig wie der Sonnenaufgang, die Musik oder die Liebe", sagt der Brite James Ramsay Ullmann. Der Polarforscher Fridtjof Nansen drückte das so aus: „Tief verwurzelt in der Natur, in jedem von uns, lebt die Abenteuerlust. Der große Ruf der freien Wildbahn schwingt hinter all unseren Taten. Er macht unser Leben schöner, tiefer und reicher!"
Ja, tiefer und reicher, das scheint mir die treffende Erklärung zu sein! Es lohnt sich, für solchen Reichtum zu kämpfen, zu leiden.
Dabei ist Gillman's Point mit 5700 Metern noch nicht der höchste Punkt des Kibos, sondern nur eine Erhebung auf dem östlichen Kraterrand über der berühmten Johannesscharte. (Benannt nach dem Hauptmann Johannes aus Moshi, der 1898 den Gipfel ersteigen wollte, aber nur bis hierher zum Kraterrand kam.) Der eigentlich höchste Punkt mit 5895 Metern, der Uhuru-Peak, liegt noch 90 Gehminuten von Gillman's Point entfernt. Bei diesem Sauwetter, vor allem bei dem fürchterlichen Sturm und den gefährlichen Schneeverhältnissen, ist der Uhuru-Peak nicht zu machen. Der Kibo gilt aber als erstiegen, wenn man den Kraterrand erreicht hat.
Bis 1961 hieß der höchste Punkt Afrikas Kaiser-Wilhelm-Spitze, dann wurde der Gipfel, nach der Unabhängigkeit Tanzanias, in Uhuru-Peak umgetauft. Uhuru heißt in Suaheli: Freiheit. Freiheitsgipfel – diesen Namen gab Präsident Julius K. Nyerere dem höchsten Gipfel seines Landes und des ganzen Schwarzen Kontinents, während seiner Unabhängigkeitsrede 1961, als er sagte: „Wir wollen auf dem Gipfel des Kilimanjaro eine Kerze entzünden, die über unsere Grenzen leuchten soll. Ihr Schein soll dort Hoffnung geben, wo Verzweiflung

ist, Liebe, wo Haß ist, und Würde, wo vorher Demütigung war!"
Das sind verständliche Worte eines afrikanischen Nationalisten, der trotz berechtigter Kritik anerkennen muß, daß auch die Kolonialherren in seinem Land vieles und Großes geleistet und manches erreicht haben. So verdanken wir zum Beispiel die gesamte wissenschaftliche Erforschung des Kilimanjaro dieser Kolonialzeit, speziell der deutschen Zeit in Ostafrika.

Als Deutsch-Ostafrika nach dem Ersten Weltkrieg unter britische Mandatsherrschaft kam, wollten die Engländer natürlich ihren Union Jack auf dem Kibo hissen. Der Geograph C. Gillman führte zusammen mit den Engländern P. Nason, C. Dundas und F. Miller 1921 eine große Expedition durch, an der außer den vier Weißen zwei Köche, zwei Führer, acht Diener, fünfzig Chaggaträger, zwei Maultiere und eine ganze Schafherde (als Proviant) teilnahmen. Gillman startete in Marangu und erreichte nach vier Tagen das Biwak in der Meyerhöhle. Alle Bergsteiger litten nach Gillman's Bericht unter denselben physischen und psychischen Beschwerden wie ihre Vorgänger; Miller gab schon bei 4500, Dundas bei 5200 Metern auf. Gillman und Nason erreichten aber sieben Stunden nach dem Biwakplatz die Johannesscharte. Für ein weiteres Vordringen auf dem Kraterrand, bis zur Kaiser-Wilhelm-Spitze, waren sie zu schwach. So legte Gillman den in einer Holzkiste verpackten Union Jack, der eigentlich ganz oben im Sturm flattern sollte, oberhalb der Johannesscharte in den Schnee. Daraus wurde der heutige Gillman's Point.
1925 entstanden die ersten Filmaufnahmen des Kibokraters. Die Ufa hatte eine deutsche Expedition ausgeschickt, die unter großen Mühen Gillman's Point erreichte, nicht aber die Kaiser-Wilhelm-Spitze.
All diesen Pionieren, die vor und nach dem Ersten Weltkrieg den Kibo erstiegen und erforschten, verdanken wir heute ein genaues Bild des einsamen Schneeberges am Äquator:
Beim Erkalten unserer Erde entstand der ostafrikanische Grabenbruch. Durch den Einbruch der Kruste quoll nun heißes Magma durch Spalten nach oben. So entstanden unmittelbar neben dem Grabenrand die Vulkane Mt. Kenia und Kilimanjaro. Im Graben selbst bildete sich der Victoriasee.
Der Gipfel des Kilimanjaro besteht aus einem riesigen Kessel, der sogenannten Caldera, mit einem Durchmesser von 2500 Metern. In diesem Krater, der voller Eiskaskaden und Seracs ist, befindet sich ein zweiter jüngerer Krater, der Reusch-Kra-

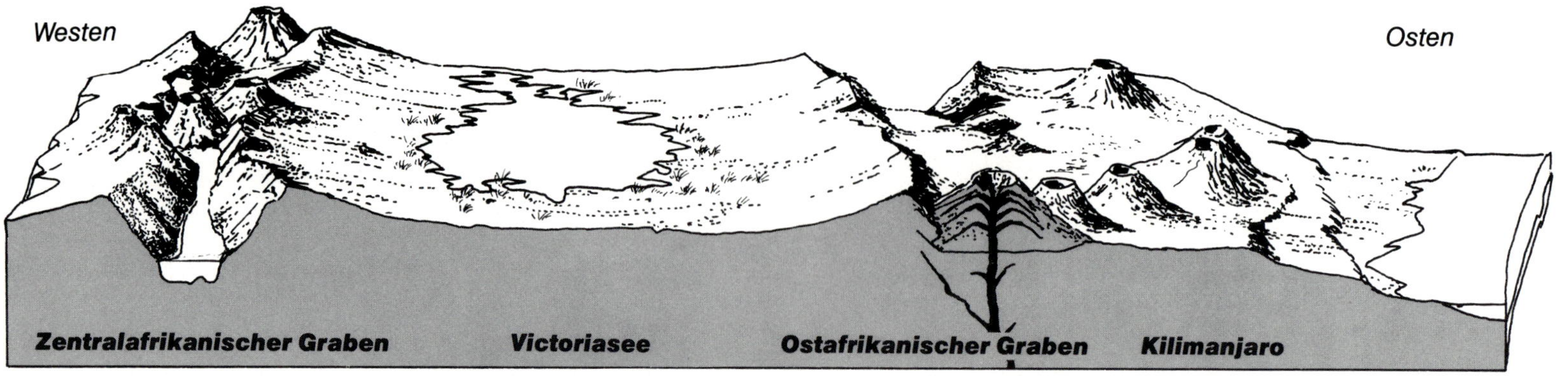

ter, mit einem Durchmesser von etwa 800 Metern und einem schwarzen Aschenloch (siehe Foto auf Seite 144). Hier wurden 1953 Temperaturschreiber abgesenkt, sie ergaben Meßwerte von über 100° Celsius. Ein Beweis also, daß der Kibo ein schlafender, aber kein toter Vulkan ist. Nicht nur geographische, geologische und vulkanologische Erkenntnisse verdanken wir den Europäern in Afrika, sondern auch die Erschließung der heutigen Aufstiegsrouten. So bauten deutsche Alpinisten die Bismarckhütte (heute Mandara) und die Petershütte (heute Horombo). Bereits im Jahre 1913 beschloß die Sektion Hannover im Deutschen Alpenverein, die Kibohütte in 4900 m Höhe aufzustellen. 1914 wurde das Baumaterial auf dem Seeweg nach Deutsch-Ostafrika gebracht und in Moshi gelagert. Der Krieg verhinderte dann dieses Bauvorhaben in der für damalige Verhältnisse sensationellen Höhe von fast 5000 Metern.

Aber an all das denken wir jetzt nicht. Wir hören nur den Sturm pfeifen, fühlen schneidende Kälte durch die Kleidung dringen und glauben, in unserer eigenen Spur rasch und bequem absteigen zu können. Die Spur ist längst wieder vom Neuschnee zugeweht! Erst in der Kibohütte „tauen" wir ein wenig auf, erholen uns aber kaum von den Strapazen. Nach einer heißen Suppe beginnen wir den Abstieg – im Regen. Es regnet wie aus Gießkannen, aber unten warten ein trockenes Hotel, ein heißes Bad, ein reich gedeckter Tisch. So marschieren wir bergab, zwei Tage lang durch den langsam immer wärmer werdenden Tropenregen!

Hans Meyer

Der Geograph Dr. Hans Meyer gehört ohne Zweifel zu den brillantesten Entdeckern und Forschern des 19. Jahrhunderts und überhaupt der deutschen Geschichte, auch wenn er nicht so berühmt wurde wie ein Sven Hedin, Fridjof Nansen oder Livingstone. Vielleicht liegt das einfach daran, daß es Hans Meyer nicht so sehr um spektakuläre Entdekkungen und Routen ging, sondern vielmehr um tiefgründige wissenschaftlich fundierte botanische, geologische und geographische Forschung.

Bevor es Hans Meyer zum Kilimanjaro zog, war er längst auf vielen Fels- und Eisgipfeln der europäischen Alpen herumgeklettert, hatte in Nordindien an den Hauptketten des Himalaya geweilt und in Südindien und Ceylon die tropischen Kulturen kennengelernt; er hatte in die Krater der Vulkane Javas hinabgeschaut, war in den Urwäldern der Philippinen monatelang umhergestreift, hatte die Gewässer von China und Japan befahren und ausgedehnte Forschungsreisen nach Kalifornien und Mexiko unternommen. Dann zog es ihn nach Südafrika zu den Diamantenfeldern, und schließlich landete der Wissenschaftler auf der Insel Sansibar. Dort begannen seine ostafrikanischen Expeditionen. Schwere Malaria warf den starken Mann für Wochen ins Krankenbett, aber gleich nach der Genesung zog Meyer mit hundert Mann von der ost-

Dr. Hans Meyer, Privatarchiv Erica von Lany.

afrikanischen Küste aus nach Westen ins Chaggaland.
Das war im Juni 1887. Nach 14 Tagen erreichte die Expedition den Kilimanjaro. Schon damals stieg Hans Meyer von Marangu aus in 5 Tagesmärschen durch den Urwald bis zum Sattelplateau zwischen Kibo und Mawenzi hinauf. Bei diesem ersten Versuch, den Kibo zu besteigen, erreichte Meyer die stolze Höhe von 5000 Metern. Aber schlechtes Wetter und unüberwindliche Eisbarrieren veranlaßten den Forscher zur Umkehr.
Dieser erste Versuch hatte in Hans Meyer endgültig das Feuer entfacht, er wollte diesen „seinen" Berg ganz besteigen.
„Ich stellte meine Person und meine Mittel ganz in den Dienst der geographischen Erforschung von Deutsch-Ostafrika. Es erschien mir fast als eine nationale Pflicht, daß der Gipfel des Kilimanjaro, wahrscheinlich des höchsten afrikanischen und zweifellos des höchsten deutschen Berges, nach allen Bemühungen englischer Reisender doch zuerst von einem deutschen Fuß betreten werde."

1888 fuhr Hans Meyer zusammen mit dem österreichischen Geographen Oskar Baumann erneut nach Ostafrika. Diese zweite Kiboexpedition scheiterte aber am Aufstand der arabischen Küstenbewohner gegen Europäer und Inder.

„Nach achttägigem Marsch gesellten sich uns Trupps von bewaffnetem Gesindel in wachsender Zahl zu, die uns über ihre Absichten nicht lange im Zweifel ließen. Eine Tagesreise von der Küste entfernt fielen die Banden über uns her, schlugen uns nieder, legten uns in Ketten, mißhandelten uns und warfen uns in eine dunkle Hütte, wo wir mehrere Tage, gefoltert von der Ungewißheit unseres Schicksals, lagen, bis der Führer des Küstenaufstandes selbst erschien und sich endlich bereit erklärte, uns gegen ein hohes Lösegeld freizugeben."

Hans Meyer war mit dem Leben und dem Schrekken davongekommen und rüstete sofort wieder zu einer dritten ostafrikanischen Expedition, die sich jetzt ganz auf den Kilimanjaro und seine Besteigung beschränken sollte. Als Begleiter wählte Meyer diesmal keinen Wissenschaftler, sondern den erfahrenen österreichischen Bergsteiger Ludwig Purtscheller. Über die abenteuerliche Erstbesteigung berichtet Hans Meyer selbst:*
„Mein Plan ging dahin, die Besteigungen des Kibo und Mawenzi von dem zwischen beiden Gipfeln in 4400 m Höhe liegenden kleinen Plateau aus zu unternehmen und dort in einem zweckmäßigen Standquartier so lange auszuhalten, bis die Erfor-

* Ostafrikanische Gletscherfahrten von Hans Meyer, Leipzig 1890.

schung des oberen Kilimanjaro abgeschlossen sein würde. Für dieses Standquartier hatte ich in Sansibar ein gut schließendes Zelt anfertigen lassen, in welchem wir zwei Europäer, nötigenfalls noch mit einem schwarzen Gefährten, Raum hatten, und zur inneren Ausstattung des Zeltes dienten eine wasserdichte Unterlage aus Kautschuk, mehrere Kamelhaardecken und zwei große, aus Schaffellen genähte Schlafsäcke, die den ganzen Körper bis auf das Gesicht wärmend umschlossen. Unsere alpine Ausrüstung bestand aus warmer Wollkleidung, Wollhandschuhen und starken, benagelten Bergschuhen, aus Rucksäcken, Eispickeln, Gletscherseilen, Schneebrillen und Schneeschleiern. Ludwig Purtscheller war dazu noch glücklicher Besitzer von Steigeisen. Für unsere Verpflegung erschien es mir am zweckmäßigsten, zwischen unserem beabsichtigten hohen Standquartier und dem Marangulager eine Zwischenstation an der oberen Grenze des Urwaldes zu errichten, wo das große Zelt und unsere wenigen Träger bis auf einen zurückbleiben sollten. Demgemäß ordnete ich an, daß jeden dritten Tag aus dem Marangulager vier Mann mit frischen Lebensmitteln zum Mittellager am oberen Urwaldrand hinaufkommen sollten, von wo aus zwei der dortigen Leute den erforderlichen Proviant an Fleisch, Bohnen, Bananen, Butter und Brot zu uns ins obere Lager hinaufzutragen hatten. Die Proviantträger aber sollten immer sogleich in ihr Ausgangslager zurückkehren.

Am Mittag des 28. September konnte sich unsere kleine Bergexpedition, bestehend aus Purtscheller und mir sowie dreizehn schwarzen Helfern, langsam in Bewegung setzen. Das große Zelt wurde bis zum Lager am oberen Urwaldrand mitgeschleppt. Die triefende, staudige Untervegetation schlägt uns anfänglich auf unserem Marsch über dem Kopf zusammen und durchnäßt uns bis auf die Haut. Weiterhin werden die Baumbestände noch dichter, Lianen winden sich in unendlichen Verschlingungen von Stamm zu Stamm, und den Boden überzieht ein dichter, sattgrüner Polsterteppich von Farnen, auf den das braune Band unseres morastigen Pfades das einzige Ornament zeichnet. Die Träger haben schwere Arbeit bei dem unaufhörlichen Wenden, Bücken, Kriechen und Steigen zwischen den Wurzeln und über die stehenden und gestürzten Stämme. Überall im Wald sind die Spuren und Losungen von Elefanten außerordentlich zahlreich. In dem lehmigen Morastboden hinterläßt jeder der Riesenstapfen einen fußtiefen Pfuhl, den wir vorsichtig umgehen müssen, und die geknickten Stämme und aufgerissenen Wurzeln versperren uns häufig den Weg. Auch Büffelfährten sind nicht selten. Dann und wann erklingt einmal das Schnalzen eines Affen oder das klägliche Geschrei eines Hornvogels, aber im ganzen ist vom Tierleben auffallend wenig in diesen Regenwäldern zu bemerken. So wanderten wir langsam bergan, stumm im stillen Urwald. Gespenstig wehte der Abendwind die langen grauen Flechten an den Ästen im Nebel hin und her. Die Leute kauerten aneinandergedrängt um die vor Nässe schlecht brennenden Feuer und froren, und als auch mir bei 5° Celsius die Finger den Dienst versagten, kroch ich in meinen Pelzsack. Als wir am nächsten Tag über den Urwald hinaus kamen, betrug unsere Meereshöhe 2890 m. Hier sollte das beabsichtigte Mittellager zwischen Marangu und dem Sattelplateau mit dem großen Zelt für Wochen eingerichtet werden. Die Leute gingen sofort an die Arbeit. Aus Gras und Reisig wurden zwei regendichte Hütten erbaut, Laub zur Polsterung gesammelt, Brennholz geschlagen und aufgestapelt, Feuerlöcher gegraben und dergleichen mehr. Noch ehe die Sonne sank, war das Lager fertig. Für den folgenden Tag des Aufstiegs zum Sattelplateau packte ich die allernötigsten Ausrüstungsgegenstände für uns Europäer in eine Blechkiste, eine zweite Last gaben die Schlafsäcke mit Decken ab, eine dritte das kleine Zelt, eine vierte das Kochzeug mit Proviant, eine fünfte der fotografische Apparat und die sechste der Theodolit. So waren wir eine Bergkarawane von acht Mann, als wir am anderen Tag beim wärmenden Schein der Morgensonne das Mittellager verließen. Die übrigen Leute gaben uns noch eine Strecke das Geleit, bis ich sie mit Scherzworten in ihr einsames Camp zurückschickte; in zwei Tagen sollten sie ihre Gefährten wiedersehen. Jeden meiner Begleiter hatte ich mit wollenem Unterzeug und mit Schuhwerk ausgestattet. Mancher von ihnen hatte sich von den Somali eine Jacke oder ein Beinkleid geborgt, und alle hatten sich in Erwartung baldiger Kälte bis zum Ersticken in wärmende Hüllen eingepackt, die sie aber schon nach einviertelstündigem Steigen eine nach der anderen wieder abstreiften. Vom Kibo blickte nur die weiße Eishaube, vom Mawenzi nur die obere Zackenkrone hinter dem Plateaurand hervor, und dies nur auf kurze Zeit, aber es genügte, um uns zu orientieren und zu leiten. Ich nahm die Führung und folgte derselben Richtung bis auf die Mitte des Plateaurandes zu, wie im Jahr 1887; sie war durch den Verlauf eines leicht gewölbten Lavarückens zwischen zwei tief erodierten Bachschluchten fast von selbst gegeben. In dem taufeuchten Gras scheuchten wir wiederholt eine kleine graue, mir unbekannte Antilope auf. Zierliche Sonnenvögel schwirrten von Strauch zu Strauch und pickten an den großen, blaßgelben Sternblumen. Zwei Stunden stiegen wir über die mäßig geneigten Lavadecken, die anfänglich von einer dichten Grasdecke, weiter oben von einem Staudenteppich blühender Eriken und Strohblumen überzogen sind, bergan. Sobald wir aus dem Gras heraus waren, ging es schneller vorwärts; das blockige Geröll hinderte uns weniger. In tiefen Schluchten neben dem Weg stehen an den Wasserlachen einzelne verwetterte Senecien, fremdartig wie Pflanzenformen vergangener Erdperioden. Aus einiger Entfernung glaubt man in den mannshohen, von einem grauen Mantel abgestorbener Blätter umhüllten Stämmen lauter menschliche Gestalten zu sehen, und wenn wehender Nebel ihre Umrisse halb verschleiert, dann versteht man, warum ihre nächsten Artverwandten in den tropischen Anden, wo ihre Vegetationszone auch zwischen 2800 und 4400 m liegt, „Mönchskutten" genannt werden. Dort wie hier wachsen sie nur in sumpfigem Boden. Wir wanderten in der Richtung auf den wieder emporsteigenden Kibo zu, bis uns am Rand eines anderen Steilbaches die allgemeine Ermattung zum Lagerschlagen zwang.

Auch hier stehen im Grunde der Schlucht einige Wasserlachen, genügend, um uns im Notfall wochenlang zu tränken, und hierher kehrte Muini Amani jedesmal zurück, wenn er für unser oberes Lager Wasser holte. Ich hatte gehofft, an diesem Tag noch ein gutes Stück höher hinauf und näher dem Kibo gelangen zu können, aber die Erschöpfung der Leute war so groß, daß sie sich glatt auf die Steinblöcke warfen und trotz Nebel und Kälte schliefen bis gegen Abend, da sie dann ihre Bohnenmahlzeit kochten und zur Nachtruhe unter die Felsen und in die Lavahöhlungen krochen.

Kibo und Mawenzi blieben den ganzen Nachmittag unsichtbar; Nebel ringsum. Es ist eine fast melancholisch ernste Landschaft, in die wir eingedrungen sind. Soweit der Blick reicht, weite Flächen mit großen schwarzgrauen Lavablöcken auf sandigem Grund. Kein höheres Gras oder Strauch unterbricht mehr die steinige Öde, keines Tieres Laut trifft mehr das Ohr. Nur der von unten heraufwehende Luftstrom flüstert in den Felsen und kleinen Stauden und zieht hellgraue Nebelschleier über die dunkelgrauen Flächen. Vor dem frostigkalten, vom Kibo herabblasenden Abendwind flüchteten wir uns nach Sonnenuntergang in unser Zelt und in die Pelzsäcke und fühlten durchaus kein Verlangen, während der nächsten zwölf Stunden herauszukriechen. Als aber die Frühsonne die Eiskrone des Kibo vergoldete und lange Schatten auf die Westseite des Mawenzi warf, waren wir schon jenseits der Bachschlucht. In seiner ganzen Größe war jetzt der Kibokegel zu überschauen. Die trockene, dünne Luft war so klar und durchsichtig, daß die fernen Höhen in täuschende Nähe gerückt schienen. Die Leute liefen brav, aber die Lavafelder schienen endlos zu sein. In einer Mulde rasteten wir an einem kleinen, grünen Grasinselchen, unter dessen elastischem Boden sich Sickerwasser verbarg, eine halbe Stunde; hier kam mehr Farbe in die formengewaltige Landschaft. Das Aschenfeld, das wir nun betraten, ist ziegelrot mit mattgelben Bändern; ziegelrot sind auch die Hügel im Sattel, von denen das Aschenfeld ausgeht, graubraun sind die Trümmerfelder am Fuß des Kibo, dunkelblaugrau die Wände und Hänge des Kibo selbst, blendendweiß und lichtblau umrändert ist seine Eishaube und tief dunkelblau das alles überspannende Firmament. Aber keine Farbe ist grell, ihre Abtönungen im einzelnen und im ganzen sind edel und harmonieren mit der Schönheit und Größe der Bergformen. Jenseits des Aschenfeldes fiel mir sofort eine Stelle in die Augen, die für einen Lagerplatz wie geschaffen schien. Unterhalb vier weithin sichtbarer hoher Felsblöcke, denen wir später den Namen Viermännerstein beilegten, ist ein Wall von kleineren Blöcken aufgetürmt, welcher sicheren Schutz gegen die vom Kibo herabkommenden Schneewinde gewährt. In einer Einbuchtung dieses Walles war bald ein Plätzchen gefunden, wo unser kleines Zelt auf dem porösen Aschenboden liegen konnte wie in Abrahams Schoß. Daneben bot sich eine windstille Feuerstelle und in der Felsmauer sogar eine Schlafhöhle für Muini Amani. Außerdem waren geeignete Löcher und Kammern für unsere Vorräte und Geräte in großer Auswahl da. Auf der Spitze des Viermännersteins ließ ich das kleine schwarz-weiß-rote Zeltfähnchen durch eine Steinpyramide feststellen, wo es später den uns suchenden Proviantträgern als Wegweiser diente. Die fünf Träger aber, welche uns bis hierher begleitet hatten, schickte ich nach kurzer Rast auf dem von uns im Aschenboden getretenen Pfädchen zurück, damit sie noch, solange die Sonne wärmte, zum Mittellager absteigen konnten. Langsam sahen wir sie hinter den Lavarücken verschwinden. Der Kibokegel lag noch etwa zweieinhalb Kilometer von unserem Lager entfernt, auf seiner ca. 6 km breiten Basis 1680 m hoch über unserem 4330 m hohen Standpunkt aufgetürmt. Der morgige Weg war weit, die Arbeit voraussichtlich sehr schwer. Und die bange Ungewißheit, was der nächste Tag bringen werde, ließ uns beide in der Nacht nur wenig zu der doch so nötigen Ruhe kommen. Von 1 Uhr ab schauten wir alle Viertelstunden bei Streichholzflackern nach der Uhr; um $^1/_2$ 3 Uhr krochen wir aus dem Zelt. Die Nacht war kalt und stockfinster, von dem erhofften Mondlicht keine Spur. Rasch waren die Rucksäcke übergeworfen, die Eispickel erfaßt und die

Laterne angezündet. ‚Kuaheri‘ (Lebwohl), rief ich unserem in seinem Felsspalt schlafenden Muini zu; ‚Kuaheri, bwana, na rudi salama‘ (Lebwohl, Herr, und kehre heil zurück), klang es aus dem Loch zurück. ‚Inschallah‘ (So Gott will), bestätigte ich meinerseits, und fort ging es in die kalte Nacht hinein. Solange wir uns auf flachem Terrain bewegten, hatten wir nur die herumliegenden Trümmer zu meiden. Bald aber kamen wir an einen tief eingeschnittenen Kessel am Fuß des Berges, an dessen schroffer Innenwand wir mit größter Vorsicht entlangklommen, bis wir die Trümmerhalde im Grund des Kessels betraten, die uns langsam über ein Chaos von Blöcken bergan führte. Es war eine verzweifelte Kletterei in dunkler Nacht.

Mehrmals kamen wir zu Fall und rissen uns die Glieder wund, aber das Laternchen nahm keinen Schaden, wenn es auch jedesmal verlöschte und durch das Wiederanstecken im Nachtwind unsere Geduld auf eine harte Probe stellte. Purtscheller, der die Führung hatte, hielt sich meines Erachtens zu weit rechts, nach Norden, ich drang auf mehr westliche Richtung, weiter bergauf zur Mitte des Kibo; als aber der Morgen des 3. Oktober dämmerte, öffnete sich plötzlich in schwindelnder Tiefe zu unseren Füßen das Tal, dessen südlicher Begrenzungswall unser Ziel gewesen war. Es blieb nichts anderes übrig, als an den schroffen Wänden hinabzuklettern in die schuttbedeckte Mulde und jenseits an den Felsklippen wieder emporzusteigen.

Das unerwartete Hindernis kostete uns fast eine Stunde der besten Tageszeit. Um 7.20 Uhr standen wir endlich auf dem Rücken der Bergrippe, die wir uns gestern als geeignete Aufstiegsroute ausersehen hatten, und begannen nun keuchend, über Fels und losen Schutt hinweg, der steilen Erhebung des Kammes zum Eis hinauf zu folgen. Alle 10 Minuten mußten wir jedoch ein paar Augenblicke stehenbleiben, um den Lungen und dem Herzschlag eine kurze Beruhigung zu gönnen, denn wir befanden uns längst über Mt.-Blanc-Höhe, und die zunehmende Luftdünne machte sich allmählich fühlbar.

Ein Schluck des mit Zitronensäure versetzten Schneewassers netzte den in der überaus trockenen Luft schmerzhaft gewordenen Gaumen; Appetit hatte ich nicht im mindesten. Den Blick zurückwendend, erkannten wir, daß wir die Höhe des im vollen Sonnenlicht rotbraun herüberleuchtenden Mawenzi bereits überstiegen hatten. Wie Maulwurfshaufen lagen die zentralen Hügel des Sattelplateaus unter uns in der Tiefe, zu welcher von Süden her langsam Nebel wallten. Über der Zone des Urwaldes drängte sich eine dichte, silbergraue

Wolkenmasse, während weit draußen über der Ebene einzelne Kumuluswolken in der dunstigen Atmosphäre schwammen, vom Widerschein des ziegelroten Steppenbodens an der Unterseite rötlich gefärbt. Das Unterland selbst aber war im Schleier der aufsteigenden Wasserdämpfe nur in undeutlichen Konturen erkennbar. Dagegen blinkte und blitzte über uns der Eishelm des Kibo in scheinbar greifbarer Nähe.
Weiterkletternd trafen wir kurz vor 9 Uhr an einem Absturz zur Linken ein, der uns einen großartigen Niederblick in das benachbarte, an 900 m tiefe Felstal eröffnete, und folgten seinem Rand, bis wir endlich um 9.50 Uhr an der unteren Grenze des geschlossenen Kiboeises in 5480 m Höhe anlangten. So suchten wir bald die Schneebrillen hervor, zogen den Schleier über das Gesicht und banden uns das Gletscherseil um den Leib. Ludwig Purtscheller schnürte sich außerdem noch seine Steigeisen an die Füße, während ich mich auf meine gut vernagelten und verklammerten Schuhe verlassen mußte. Um $^1/_2$ 11 Uhr begann die schwierige Arbeit des Stufenhauens. In dem glasharten, im Bruch wasserhell glänzenden Eis erforderte jede Stufe an 20 Pickelhiebe. Langsam ging es an der glatten Wand aufwärts, anfänglich wegen ihrer fürchterlichen Steilheit schräg nach rechts hinauf, dann gerade auf den Gipfel zu.

Die Wölbung der Eiskuppe, welche vom Plateau aus als die höchste erscheint, hatten wir nun unter uns; vom Tiefland mit seinem Wolkenmeer war nichts mehr zu sehen. Ich spreche immer nur von Eis, weil der Kibo in diesen Tagen gar keinen Schnee hatte. Was von unten als eine weißglänzende Schneedecke erschienen war, ist die von Wind und Sonne zerfetzte Oberfläche des Eismantels, der, durchschnittlich 60–70 m dick, als eine kompakte Masse den Felshängen des alten Vulkans aufliegt und überall echten Gletschercharakter annimmt, wo er in Bodensenkungen sich zungenförmig talwärts erstreckt. Obwohl die Temperatur nur wenig über 0° Celsius schwankte, wirkte doch der Sonnenreflex, der in dem geringen Wasserdampf der dünnen Luftschichten nur wenig abgeschwächt wird, vom Eis durch Brille und Schleier so schmerzhaft intensiv hindurch, daß sich uns später die Haut von Hals und Gesicht ablöste und meine Augen tagelang der dunkelblauen Schutzbrille bedurften. Das Erscheinen einiger kleiner Nebelwölkchen in unserer Höhe schreckte uns auf.

Beim Weitersteigen empfanden wir aber die Atemnot so stark, daß wir alle 50 Schritt ein paar Sekunden stehenbleiben mußten, um weit vornüber gebeugt nach Luft zu röcheln. Der Sauerstoffgehalt der Luft beträgt nach den Beobachtungen anderer in 5800 m Höhe nur 48 %, der Feuchtigkeitsgehalt sogar nur 15 % von jenem im Meeresniveau. Kein Wunder, daß unsere Lungen so schwer arbeiteten; Sauerstoff- und Feuchtigkeitsmangel, übergroße körperliche Anstrengung und namentlich die hochgradige psychische Spannung vereinigten sich, um den Organismus zu erschöpfen.

Die Eisoberfläche wird nun zusehends zerfressener. Da wir oft bis an die Brust einbrachen, nahmen unsere Kräfte in besorgniserregender Schnelligkeit ab. Und immer noch dehnte sich die Wand unabsehbar, und der oberste Grat wollte nicht näherkommen. Endlich, gegen 2 Uhr, näherten wir uns dem höchsten Rand. Noch ein halbes hundert mühevoller Schritte in äußerst gespannter Erwartung, da tat sich vor uns die Erde auf, das Geheimnis des Kibo lag entschleiert vor uns: den ganzen oberen Kibo einnehmend öffnete sich in jähen Abstürzen ein riesiger Krater.

Diese längst erhoffte und mit allen Kräften erstrebte Entdeckung war mit so elementarer Plötzlichkeit eingetreten, daß sie tief erschütternd auf mich wirkte. Ich bedurfte der Sammlung. Wir setzten uns am Rand des Ringwalles auf das Eis nieder und ließen den Blick über den Kraterkessel, seine Eismassen, seinen Auswurfkegel und seine Umwallung schweifen. Da war es aber auch sofort klar, daß unser Punkt nicht der höchste war, sondern daß die höchste Erhebung des Kibo links von uns, auf der Südseite des Kraterrandes, lag, wo drei Felsspitzen aus dem nach Süden abfallenden Eismantel noch einige Meter hoch hervorragten.

Die Marschentfernung bis dorthin schätzten wir auf $1^1/_2$ Stunden. Dazu aber reichten unsere Kräfte nicht mehr; wir hätten denn riskieren müssen, am Endziel ohne jeglichen Schutz gegen die Nachtkälte zu biwakieren, was uns sehr wahrscheinlich verhängnisvoll geworden wäre. Wir hatten eine elfstündige außerordentlich anstrengende Steigarbeit auf unbekanntem Terrain zwischen rund 4400 und 5900 m hinter uns und mußten für den Abstieg noch mit dem Nebel rechnen, der nun über die Eiswände heraufzuwallen begann. In der Frage „umkehren oder biwakieren" war schließlich der Entschluß entscheidend, die Besteigung in drei Tagen zu wiederholen und dann die höchste Spitze zu versuchen. Vorläufig durften wir uns mit den Erfolgen der ersten Besteigung zufriedengeben. Die von vielen Seiten angezweifelte Existenz eines Kraters auf dem Kibogipfel war nachgewiesen; über seine räumlichen Verhältnisse, seine Eis- und Felsbildungen, seinen Auswurfkegel hatten wir Aufschluß gewonnen; das Wesen des Kiboeismantels war erkannt; der Weg zum Oberrand des Berges war gefunden, die Höhe von 5870 m erklommen. Mit diesem Rückblick traten wir um 2.20 Uhr den Rückweg an. Im Nebelwehen auf dem steilen Eis abwärts, ich ohne Steigeisen, und wir beide so erschöpft, daß Ludwig Purtscheller einmal eine Ohnmachtsanwandlung hatte, kamen wir nur sehr langsam vorwärts. In den unteren Partien hatte die Sonne das Eis so stark geschmolzen, daß wir unsere Stufen größtenteils erneuern mußten, eine böse Aufgabe für unsere matten Glieder an einer Stelle, wo ein Fehltritt des einen unfehlbar auch den anderen mit in die grausige Tiefe gerissen haben würde. Doch der Wille siegte auch diesmal über den Körper. Erleichtert aufatmend fühlten wir gegen 4 Uhr wieder den festen Fels unter den Füßen und gönnten uns eine halbe Stunde Ruhe, indem wir stumm dem wechselvollen Spiel der Wolken, der einzigen beweglichen Elemente in dieser gewaltigen starren Natur, zuschauten.

Am Abend, lange nachdem die Sonne purpurn hinter dem links unter dem Kibo aufragenden Kegel des Meru hinabgesunken war, saßen wir bis spät im kalten Nebel am Feuer neben unserem Zelt und schmiedeten Pläne für den nächsten Tag. Die bei der ersten Besteigung nur zu sehr empfundene große Entfernung bis zum Eis, in deren Schätzung uns die reine Höhenluft und die einfachen vulkanischen Linien so arg getäuscht hatten, ließ die Beziehung eines Biwaks in größerer Bergeshöhe nötig erscheinen, wenn wir bei einer zweiten Besteigung den Gipfel noch zu guter Stunde erreichen wollten.

Ein solches Biwak sollte am folgenden Tag aufgesucht werden. Die Nacht hatte es bei klarem Mondlicht bis zu $-9°$ Celsius Minimumtemperatur gebracht. Der Morgen aber war prächtig und klar und wurde bald behaglich warm. Mit großer Gemächlichkeit brachen wir um Mittag des 5. Oktober auf. Muini schleppte unsere Schlafsäcke und Decken, wir selbst hatten uns mit Proviant, dem alpinen Gerät, den nötigen Instrumenten, Wasser usw. beladen. Muini sah höchst verwegen aus, er hatte über seine dürren Beine ein Paar wollene Unterhosen gezogen, aus deren mannigfachen Öffnungen die Zipfel eines wollenen Hemdes hervorquollen. Über dem Hemd trug er eine fürchterlich zerrissene rote Uniformjacke irgendeines schottischen Infanterieregimentes, an den Füßen viellöcherige wollene Strümpfe und ein Paar gelbe Halbschuhe, und den Kopf und Hals hatte er bis auf die Nase und die Augen in einen riesigen Sansibarturban eingewickelt, der im aufgewickelten Zustand auf den Steppen seine einzige Kleidung auszumachen pflegte.

Wir folgten unseren Rückwegspuren über die beiden damals überstiegenen Lavawälle und wanderten nach mehreren Rasten und Untersuchungen von 4 Uhr ab im Grund des großen Gletschertales aufwärts, wo wir gegen 6 Uhr, in dem inzwischen gefallenen Nebel umhertappend, auf der südlichen Talseite eine hohe, weit offene Lavahöhle fanden. Brennmaterial gab es hier in 4650 m Höhe, also in der Höhe der Monte-Rosa-Spitze, gar nicht mehr, aber Büschel von Strohblumen standen am Fuß der Felsen noch hinreichend, um mit Hilfe von drei Wolldecken auch für Muini ein leidlich warmes Lager herzustellen. So verbrachten wir die Nacht trotz −12° Celsius verhältnismäßig gut, da wir in der Höhe vor dem von der Gletscherzunge herabsausenden Bergwind geschützt waren, und konnten um 3 Uhr in der Frühe des 6. Oktober frisch ans schwere Werk der Gipfelbesteigung gehen.

Diesmal war uns Ndscharo, der eisgebietende Berggeist des Kibo, gnädig; wir erreichten unser Ziel. Während der ersten Stunde leuchtete uns der Mond auf den schwer ersteiglichen Schutt- und Trümmerhalden. Als er untergegangen war, tasteten wir uns bei Laternenschein im felsigen Terrain talauf zwischen den gangbaren Lücken und Klüften hindurch und weiter auf der großen Lavarippe, die uns am 3. Oktober zum Eis geführt, hinan. Je höher wir emporstiegen, je dünner die Luft wurde, desto glanzvoller erstrahlten die ewigen Lichter des Firmamentes. Nirgends habe ich vorher oder nachher die Planeten in so ruhiger Pracht leuchten sehen wie hier; aber auch das Licht der großen Sonnen Sirius und Regulus erschien hier milder, gleichmäßiger als sonst. Hinter des Mawenzi finsterer Zackenwand hob sich kurz nach 6 Uhr der strahlende Sonnenball empor. Bald nachher waren wir am Fußpunkt unserer Eismauer vom 3. Oktober. Die damals gehauenen Stufen bedurften zu unserer freudigen Überraschung nur geringer Nachbesserung, um wieder brauchbar zu werden, so daß wir, nunmehr mit den Örtlichkeiten bekannt, bei aller Vorsicht ziemlich rasch über die gefährlichen unteren Wände und die folgenden Klüfte hinwegkamen. Vor 8 Uhr kletterten wir schon in die große Spalte in 5720 m Höhe. Wir waren beide der frohesten Zuversicht. Langsam, aber stetig klommen wir weiter. Obwohl die Luftbeschaffenheit und die Körperanstrengung die nämlichen waren wie bei der ersten Besteigung, fühlten wir doch viel weniger Beschwerden, weil unser moralischer Zustand sehr viel besser war. Um $^3/_4$ 9 Uhr beschritten wir den obersten Kraterrand an der Stelle unserer damaligen Umkehr in 5870 m Höhe; unverschleiert lag wieder der Krater zu unseren Füßen, aber ohne langes Zaudern wanderten

wir nun in Südwestrichtung auf dem dorthin leicht ansteigenden, eisbedeckten Rand des Ringwalles weiter, den Felsspitzen der südlichen Kraterwand zu, die dort über das Niveau der anderen Seiten emporragen. Schon im September, als wir jenseits Taweta den Kilimanjaro zum ersten Mal zu Gesicht bekommen hatten, war mir ein dunkler Fels an der Südseite des oberen Bergrandes als der wahrscheinlich höchste Punkt des Kibo aufgefallen. Beim Näherkommen hatten wir denselben hinter der davorliegenden Wölbung des Eismantels verschwinden sehen, und erst als wir den Kraterrand selbst betraten, war er wieder zum Vorschein gekommen.
Anderthalb Stunden Steigens durch sonnenweichen Firn und zerfressenes Eis führte uns an einer seltsam abgebrochenen 6 m hohen Eismauer vorbei zu dem Fußpunkt der drei höchsten aus losen Trümmern bestehenden Felsspitzen, welche wir nun in beschaulicher Ruhe der Reihe nach erklommen, um feststellen zu können, daß die mittelste mit rund 6000 m die anderen um 10–15 m überragt.

Spätere Berechnungen bestätigten diese Maße. Um $^1/_2$ 11 Uhr betrat ich als erster die Mittelspitze. Ich pflanzte auf dem verwetterten Lavagipfel mit dreimaligem, von Ludwig Purtscheller kräftig sekundierten ‚Hurra' eine kleine im Rucksack mitgetragene deutsche Fahne auf und rief frohlockend: ‚Mit dem Recht des ersten Ersteigers taufe ich diese bisher unbekannte, namenlose Spitze des Kibo, den höchsten Punkt afrikanischer und deutscher Erde: ‚Kaiser-Wilhelm-Spitze.' Nach einem Hoch auf den kaiserlichen Taufpaten drückten wir uns die Hand. ‚Das ist mir ein herrliches Geburtstagsgeschenk', sagte Purtscheller, ‚ich bin heute 40 Jahre alt', und auch über mich war eine festliche, weihevolle Stimmung gekommen, deren Grundton der Gedanke war, daß der Augenblick nun da sei, den ich in den letzten Jahren täglich herbeigesehnt. Der afrikanische Riese war bezwungen, wie schwer er uns auch den Kampf gemacht hatte, und damit eine mehr als 40jährige Belagerung und Bestürmung des Kilimanjaro zum Abschluß gebracht."
In den Jahren nach der Erstbesteigung wurde der Kibo wiederholt von Wissenschaftlern und Alpinisten angegriffen, aber nur wenige erreichten das hohe Ziel. In den folgenden 30 Jahren gab es nur 13 Gipfelbesteigungen! Heute dagegen klettern fast täglich 13 oder mehr Hochtouristen auf Afrikas weiße Spitze, hoch über dem Äquator.

Im Stadtzentrum von Arusha zeigt uns diese Holztafel Entfernungen und Wege zu den nahen Tierparadiesen um den Kilimanjaro.

LAKE NDULUTI
DAR~SALAAM km 660
TANGA km 470
MOMBASA km 418
NGURDOTO-CRATER km 188
km 116
ENQUIRIES
FISHING
MOSHI km 72
MOMELA km 21
AMBOSELI km 188
ODOMA km 438
KONDOA km 286
MANYARA km 128
BABATI km 170
SERENGETI
SERONERA km 392
NGORONGORO km 176
TSAVO
ATIONAL PARKS km 140
HOSPTAL
ARKET

Löwen, Baobabs und Massai

Ernest Hemingway beginnt seine berühmte – von Paramount verfilmte – Story „Schnee am Kilimanjaro" mit den Worten: „Der Kilimanjaro ist ein schneebedeckter Berg von 6000 m Höhe und gilt als der höchste Berg Afrikas. Der westliche Gipfel heißt bei den Massai Ngàja Ngài, das Haus Gottes. Dicht unter dem westlichen Gipfel liegt das ausgedörrte und gefrorene Gerippe eines Leoparden. Niemand weiß, was der Leopard in jener Höhe suchte."

Wie kommt Hemingway auf dieses etwas seltsame Vorwort? Hat er als erfahrener Großwildjäger tatsächlich einen Leoparden im Schnee gesehen, oder ist es einfach dichterische Freiheit? Tatsache bleibt, daß seit Hemingway Legenden und Sagen – und auch Tatsachenberichte – über die Tierwelt am Kilimanjaro an den Lagerfeuern Ostafrikas erzählt werden.

Hans Meyer berichtet von seiner zweiten Kibobesteigung: „In dieser weltfernen Höhe umflattern uns krächzend noch zwei weißhalsige Raben. Sie gehen offenbar den zahllosen Wanderheuschrekken nach, die, vom Wind heraufgetragen, auch hier herumliegen und meist schon zu Tode erstarrt sind."

Elenantilopen hat Meyer noch in kleinen Rudeln auf dem Plateau zwischen Mawenzi und Kilimanjaro in 4400 m Höhe angetroffen, ihre Spuren fand er sogar bei 4700 m. Warum sollte der „Hemingway-Leopard" nicht diese Antilopen bis in große Höhen verfolgt haben? Herbert Tichy erzählte mir in Wien, daß er fest an den Leoparden im Schnee glaube und daß er verschiedene ähnliche Geschichten in Ostafrika gehört habe. Jäger und Alpinisten haben oft von Elefanten berichtet, die sie am Kilimanjaro noch in 3000 Höhenmetern angetroffen haben.

Heute wird der Kilimanjaro-Besteiger nur wenig Tiere während des Anstieges sehen. Bis Mandara hört und sieht man Affen in den Urwaldbäumen, weiter höher nur noch Krähen, die sich von den Hüttenabfällen noch eine gute Mahlzeit erhoffen.

Dabei liegt das größte Tierparadies der Welt dem Kilimanjaro direkt zu Füßen. Rings um den Eisriesen tummeln sich Elefanten, Löwen, Leoparden, Zebras, Büffel, Nashörner, Giraffen, Gazellen, Antilopen und viele Tiere mehr. Deshalb sollte man nach oder vor einer Kibobesteigung unbedingt einige der berühmten Wildreservate aufsuchen. Die großen Parks sind nur wenige Autostunden von Marangu oder von Kilimanjaro Airport entfernt.

In den Jahren 1960 und 1961 drehten die beiden Weltstars John Wayne und Hardy Krüger zwischen Mt. Meru und Kilimanjaro den Abenteuerfilm „Hatari" (Gefahr). Ort des dramatischen Tierfän-

gergeschehens war die alte Farm der Familie Trappe: Momella.
Hardy Krüger verliebte sich in das Land („Das Bild vom Kilimanjaro wird mich mein Leben lang begleiten!“) und in die Momellafarm. Er kaufte sie, ließ Rundhütten mit Dächern aus Bananenblättern, jeweils mit zwei Betten und einem Bad, um das alte Haupthaus herum bauen und einen Swimming-pool. Hardy Krügers Momella-Lodge steht am Rande des Arusha-Nationalparks, wird seltsamerweise nur von wenigen Touristen aufgesucht und ist ein einzigartiges Paradies.
Schon Stunden nach der Kibobesteigung sitzen wir am flackernden Kaminfeuer in Momella und lauschen den „alten Geschichten“:

„So um das Jahr 1907, als Tanganyika noch ein wildes, unberührtes Land war, kam in diese Gegend ein junges Ehepaar namens Trappe. Der Mann war ein preußischer Offizier, forsch und abenteuerlustig. Aber die Wirklichkeit entsprach nicht seinen Vorstellungen, und er konnte sich an Afrika nie richtig gewöhnen: Er lebte hier, aber er blieb ein Fremder. Anders die junge Frau.
‚Hier will ich bleiben –‘ sagte sie, als man nach einem wochenlangen, anstrengenden Zug durch den Busch an die Ufer des Lake Manyara ankam.
Sie stellten Zelte auf, und dann bauten sie ein Blockhaus. Sie rodeten den Busch und den Urwald und ernteten den ersten Mais. Sie bauten Pferdekoppeln, und es gelang ihnen, die ersten Pferde in dieser von der Tsetsefliege verseuchten Gegend zu halten. Es war ein hartes, entbehrungsreiches Leben, aber Margarete Trappe, so hieß die junge Frau, liebte es. Sie liebte Afrika und das Land, das sie in Besitz genommen hatte, die Menschen und die Tiere, und auf ihrem Gesicht stand immer ein fröhliches Lächeln.
Sie schenkte drei Kindern das Leben und erwartete das vierte, als sie sich bei einer Safari im Busch verirrte. Man suchte tagelang nach ihr, und schon hielt man sie für tot, als sie plötzlich wieder auftauchte und sich ans Lagerfeuer setzte, als sei nichts geschehen. ‚Ich habe mit den Elefanten gesprochen‘, sagte sie. ‚Sie haben mir den Weg zurück gezeigt.‘
Man lächelte über ihre Worte; die Anstrengung, die Angst, nicht mehr zurückzufinden, der Durst und der Hunger haben ihren Geist zeitweilig verwirrt, meinte man. Als aber einige Wochen später die ersten Wehen begannen, sah man, wie aus dem Busch Elefanten kamen und vor der Hütte stehenblieben,

Seite 76 Elefanten im Arusha-Park in unmittelbarer Nähe der Momella-Lodge.

in der das Kind zur Welt kommen sollte. Es kamen immer neue an, bis ein schweigender, regungsloser Wall aus grauen Leibern die Hütte umstand, so wie es Elefanten auch unter sich machen, wenn eine Kuh kalbt. Die ganze Nacht standen sie da, und als im Morgengrauen das neugeborene Kind den ersten Schrei tat, hoben die Elefanten die Rüssel und begrüßten es mit lautem Trompeten.
Seit dieser Zeit wurde auf Momella, so hieß die Farm, nie wieder ein Elefant getötet, bis auf den heutigen Tag. Auch wenn Elefantenherden Maisfelder zertrampelten und kahlfraßen.

Nach vielen Jahren, als die Sterbestunde der alten Mutter Trappe nahte, kamen die Elefanten wieder und standen zwei Tage lang am Rande des Urwaldes. Ihren Tod kündigten sie an, wie sie die Geburt ihres Kindes, das jetzt schon selbst Mutter mehrerer Kinder war, angekündigt hatten, nur klang ihr Trompeten diesmal anders. Wie anders? Können Elefanten traurig sein? Es lief einem kalt den Rükken hinunter, als man ihr Klagen hörte. Auch die Sterbende hörte es. Sie lächelte und sagte:
‚Glaubt ihr es nun?‘

Man begrub sie in der Nähe der Farm, an der Stelle, die sie selbst bestimmt hatte: mit dem Blick auf den Meru und den Kilimanjaro, den sie geliebt hatte.

Das Grab von Frau Margarete Trappe.

Als dann die Menschen das Grab verließen, kamen die Elefanten. Die ganze Nacht hielten sie Totenwache: eine graue, regungslose Mauer um den kleinen Hügel mit den welken Blumen . . ."*
Margarete Trappes Grab liegt nur wenige Minuten von Momella entfernt. Niemand spricht nach dieser Geschichte. Wir sind müde vom Kibo, von der Höhe, vom langen Fußmarsch. Aber keiner geht in seine Hütte. Ostafrika hat uns in seinen unerklärlichen Bann gezogen. So beobachten wir die Glut, hören das Knistern der Flammen – und greifen ab und zu zum Whiskyglas. Wir hocken nicht draußen um das Lagerfeuer, sehen nicht hinauf zu den Sternen und hören auch nicht das furchterregende Wimmern der Hyänen. Nein, diese romantisch anmutenden Zeiten sind vorbei, aber was tut's?
Plötzlich steht ein Wildhüter der Lodge im langen, grauen Mantel unter uns und winkt bedeutungsvoll zur Tür.
„Elefanten!"
Leise erheben wir uns, schleichen hinaus in die Dunkelheit und hören unmittelbar vor uns stampfende Geräusche, tierisches Schnaufen. Groß wie die Übernachtungshütten und noch schwärzer als der Nachthimmel bewegt sich eine ganze Elefantenherde mitten durch die Momella-Lodge. Die Tiere ziehen langsam weiter, so als sei es selbstverständlich, zwischen Gästehäusern, Swimmingpool und Versorgungsschuppen durchzugehen. Von den Dickhäutern sehen wir nur schemenhafte Umrisse, Details sind in der Nacht nicht zu erkennen. Und dennoch haben wir an diesem Abend zum ersten Mal in unserem Leben Elefanten gesehen. Die im Zoo oder Zirkus zählen ab heute nicht mehr!

Die beste Möglichkeit, Elefanten zu beobachten und zu fotografieren, haben wir im Lake-Manyara-Nationalpark, 170 km westlich von Kilimanjaro Airport. Zwischen dem weiten Manyarasee und der steilen Abbruchkante des ostafrikanischen Grabens liegt der verhältnismäßig kleine Park lang hingestreckt mit allen in Ostafrika vorkommenden Landschaftsformen: Regenwald, Sumpf und Savanne.
Weltberühmt wurden die Manyara-Elefanten durch die Forschungsarbeit des jungen schottischen Ehepaares Douglas-Hamilton und durch ihr großartiges Buch „Unter Elefanten" (Deutscher Taschenbuchverlag). Iain Douglas-Hamilton stu-

* Aus „Hardys Bordbuch".

Seite 80 Die Serengetisteppe, größtenteils flache Trockensavanne, ist der berühmteste Nationalpark Afrikas. Das Foto entstand in der Nähe von Seronera.

dierte in Manyara jahrelang das Verhalten der Dickhäuter und fand zum Beispiel heraus, daß einzelne Tiere völlig unterschiedliche Charaktere haben. So wollte der Schotte genau wissen, ob Elefanten nach vorwarnendem Drohverhalten tatsächlich Touristenautos angreifen – oder nur so gefährlich erscheinen. Er fand heraus, daß es sich in den meisten Fällen nur um ein gewisses Imponiergehabe handelt, um Scheinangriffe. Die angreifenden Elefanten blieben meistens zehn Schritte vor seinem Landrover in einer mächtigen Staubwolke rutschend stehen und drehten ab.

Andere Elefanten reagierten wieder anders. Als Iain eines Tages unbekümmert auf dem Dach seines Autos saß, den Motor abgestellt hatte und „seine" Elefanten beobachtete, schwangen die Tiere ihre Häupter plötzlich herum und stellten die Ohren auf, wie Radarschirme vor dem Abschuß einer Rakete. Eine Kuh schüttelte den Kopf, dann griffen sie an, ohne vorher das geringste Zeichen gegeben oder trompetet zu haben. Der Schotte glaubte wieder an einen Scheinangriff und blieb ruhig sitzen. Aber diesmal wurde es ernst, als der erste Elefant auch wenige Meter vor dem Landrover sein Tempo nicht verringerte, sprang der Schotte blitzschnell vom Dach hinter sein Auto, um sich dort vor den Elefanten zu verstecken. Eine Kuh zerschmetterte mit ihren Stoßzähnen wütend einen großen trockenen Ast. Sie trompetete durchdringend und warnend. Die Elefanten zogen sich nervös zurück. Diese Tiere hatten sich völlig anders verhalten als ihre Artgenossen im gleichen Park. Deshalb soll sich der Ostafrika-Tourist und speziell der Tierfotograf nicht darauf verlassen, daß Elefanten harmlos sind!

Ich führte eine Gruppe Fotoamateure durch den Tarangire-Park und bat bei Tierbeobachtungen unsere Fahrer immer, den Motor abzustellen, um verwacklungsfreie Aufnahmen schießen zu können. Gott sei Dank machte das einer unserer Fahrer nicht, als die Gruppe eine größere Elefantenherde fotografieren wollte. Plötzlich brach ein einzelner Bulle aus der Herde und galoppierte auf den VW-Bus zu. Der schwarze Fahrer gab Gas und raste davon, durch Erdlöcher und Gräben. Der Bulle kam näher, und erst auf der festen Straße konnte der erschrockene Fahrer den Abstand zwischen sich und seinem Verfolger vergrößern.

Wer im Manyara-Park Elefanten beobachten oder fotografieren möchte, kann getrost im herrlich gelegenen Manyarahotel hoch über dem Park ausschlafen. Meistens ist früh morgens der Himmel bedeckt, und die Elefanten befinden sich versteckt im Steilhang. Erst am späten Vormittag reißt die Wolkendecke auseinander, die Elefanten ziehen

gemächlich hinunter in Richtung See. Die schönsten Motive bieten sich hier am späten Nachmittag, wenn ganze Elefantenherden in der Abendsonne auf den Waldlichtungen dicht am Wasser stehen. Der Manyara-Park ist auch wegen seines großartigen Baumbestandes sehenswert, hier stehen neben den zahlreichen Akazien viele Affenbrotbäume, Baobabs. Mit ihren gigantischen Stämmen und dem primitiven wurzelartigen Aussehen sind die Baobabs schlechthin die typischsten Bäume Afrikas. Peter Matthiessen nennt den Baobab den „Baum der Schöpfung". Botaniker behaupten, daß er bis zu 2500 Jahre alt werden kann und damit überhaupt das älteste lebende Ding auf Erden ist. Und gerade hier scheiden sich die Geister vieler Wissenschaftler und Forscher in Manyara: Elefanten oder Bäume? Tatsache ist, daß die Elefanten im verhältnismäßig kleinen Manyara-Park Akazien und Baobabs zerstören. Sie reißen die Rinde auf und suchen speziell beim Baobab nach saftführenden Fasern, deren Zerstörung den gewaltigen Baum absterben läßt. Sterben die Bäume, stirbt das Land. Und das bedeutet wiederum: Die Elefanten bringen sich selbst um ihren Lebensraum!
Andere Meinungen sagen wieder, es handelt sich hier um einen ganz natürlichen Kreislauf: Die Akazien behindern durch ihren eigenen Schatten das Wachsen ihrer Sämlinge. Erst durch die Elefanten, die Samenschoten in großen Mengen abfressen, werden diese an andere entfernte Orte getragen und dort im Elefantendung abgelegt. Dieser Dung wiederum begünstigt das Wachstum des neuen Bäumchens. Was aber, wenn diese frischen Sprößlinge wieder von den Elefanten zertreten oder verzehrt werden?
Die Bäume in Manyara sind nicht nur für die Elefanten lebenswichtig, sondern auch für die berühmten Baumlöwen, die hier hoch oben auf den Akazienästen Siesta halten. Sie hocken oder liegen in geradezu lässigen Stellungen auf den Ästen, lassen ihre Beine und Schwänze herunterbaumeln und kümmern sich nicht um Autos und Touristen. Was suchen diese Löwen oben in den Bäumen? Zunächst einmal Schutz vor den vielen lästigen Moskitos, dann aber auch vor Feinden wie Elefanten und Büffel. Hier in Manyara leben viele Tiere auf viel engerem Raum als beispielsweise in der großen Serengetisteppe. Sind die Löwen satt, dann werden sie faul und bequem. Sie liegen oben in den

Seite 84 *Simba, der Löwe, ist schon fast zum „Wahrzeichen" der ostafrikanischen Nationalparks geworden. Ein ausgewachsener Löwe wird über 2 m lang und bis zu 200 kg schwer.*

Seite 85 *Das Bild zeigt uns die gute Tarnung von Löwen im trockenen Gras der Serengetisteppe.*

Astgabeln und schlafen – oder mitten auf dem Weg! Unser Fotografenbus fährt mit dem Vorderrad vielleicht 30 cm an der sandigen und vom Büffelfressen blutigen Löwennase vorbei. Das träge Tier blinzelt nur kurz und bewegt sich keinen Millimeter von seinem Rastplatz fort.

Wer von Ostafrika oder überhaupt von Afrika träumt, der denkt meist automatisch an Löwen, den „König der Tiere". So ist der Löwe schlechthin das Markenzeichen der großen Nationalparks. Sieht dann der Safaritourist tatsächlich seinen ersten Löwen versteckt im Steppengras liegen, dann ist die Aufregung groß, so groß, daß die ersten „Schüsse" leicht verwackeln. Aber die Bilder und Eindrücke sind meist enttäuschend, man hat sich dieses so gefährliche Tier anders vorgestellt: stolz, mit fletschenden Zähnen knurrend oder im Jagdfieber einer Antilope nachstellend. In Wahrheit treffen wir die Löwen in Ostafrika schlafend, träge, faul, Siesta haltend und so müde, daß sie nicht einmal beim Auslösen einer Kamera mit den Augen blinzeln. Wir sind enttäuscht von diesem gefährlichen Burschen, der nicht einmal den Kopf hebt, wenn wir bis auf zwei oder drei Meter an ihn heranfahren. Wir schießen einen halben Film voll und haken das Thema Löwen ab! Und gerade das hat mich verwundert; da träumen Fotografen lange davon, einmal Löwen in freier Wildbahn zu fotografieren, lange wird für die Safari gespart, dann ist man vor Ort, schießt seinen Film voll und sagt mir schon einen Tag später: „Löwen haben wir schon!" (Auch wenn die nur faul und satt im Gras schlafen.)

Grabmal für Michael Grzimek am Ngorongoro-Krater.

Löwen jagen nachts, und dann sind sie tatsächlich die „Könige der Savanne": stolz, schnell, geschickt und unglaublich stark! Ideales Standquartier für Löwenbeobachtungen ist die Seronera-Lodge in der Serengetisteppe. Der Serengeti-Nationalpark, vier Autostunden hinter dem Manyara-Park, ist

Die Seronera-Lodge (links hinter der Schirmakazie) ist in einen typischen Inselberg gebaut.

das größte und berühmteste Tierschutzgebiet dieser Welt. Berühmt wurde der Park nicht zuletzt durch die Bücher und Filme von Bernhard Grzimek und seinem Sohn Michael, der hier bei Tierzählungen mit seinem Flugzeug tödlich verunglückte.

Die Serengetisteppe ist ein weites flaches Grasland, durch das riesige Herden von Büffeln und Zebras ziehen. Mitten in der flachen Savanne liegen haushohe Felsen wie Findlinge in der Lüneburger Heide, sogenannte Inselberge. Diese seltsamen Felsgruppen setzen sich aus hartem Gestein zusammen, das gegenüber der Umgebung nicht durch Erosion zersetzt und abgetragen wurde. Es sind richtige kleine Aussichtsterrassen und Verstecke und damit ideale Wohngebiete für die Serengetilöwen. Im Zentrum des Parks liegt die Seronera-Lodge auch in so einem Inselberg, und es soll

Seite 88 *Ein junger Schabrackenschakal beobachtet aufmerksam seine Umgebung.*

Seite 89 *Der Gepard ist das schnellste Landsäugetier der Erde und erreicht eine Laufgeschwindigkeit von über 100 km pro Stunde.*

tatsächlich vorgekommen sein, daß ein Tourist sein Zimmer nicht betreten konnte, weil ein Löwe davorlag – und das Hotelpersonal hatte Mühen, den „Simba“ wieder zu vertreiben.
Die Zahl der Löwen in der Serengetisteppe wird auf 1500 Exemplare geschätzt. Viele von ihnen leben in der Nähe von Seronera.

Wir sind am späten Nachmittag unterwegs, nur wenige Meilen von der Lodge entfernt. Da sehen wir sie, die „Simbas“. Sie haben im lichten Akazienwald einen Büffel geschlagen, und etwa 15 Löwen reißen sich gierig ihre Fleischbrocken aus dem bereits zerfetzten Körper. Unter den Löwen scheint es friedlich zuzugehen. Sie kümmern sich auch nicht um unsere vier VW-Busse, die das Rudel langsam einkreisen. Bis auf 10 m fahren wir an die „Dinner-Party“ heran. Die Löwen lassen sich nicht stören und fressen ruhig weiter. Erst in dem Moment, in dem wir ihre Fluchtdistanz überschreiten und uns auf etwa 6 m nähern, werden die männlichen Tiere nervös und wütend. Sie knurren unseren Bus an, springen sogar fauchend und drohend in unsere Richtung. Es bleibt aber bei den Scheinangriffen.
Die Löwen der Serengeti leben hauptsächlich von Weißbartgnus und Steppenzebras, die sie in Rudeln ohne Plan jagen oder auch einzeln schlagen. Dabei jagen in den meisten Fällen nur die weiblichen Tiere, während die männlichen Löwen das fest abgegrenzte Wohngebiet gegen Nachbarrudel verteidigen. Die Löwen hier im Abendlicht über ihrem Büffel sehen nicht mehr ganz so harmlos aus wie die faulen Schläfer in der Mittagshitze im Akazienschatten! Aber von ihnen droht keine Gefahr, solange wir im Blechauto sitzen. Steigt ein Tourist, trotz strenger Verbote, in solchen Situationen aus, dann greift der Löwe sofort an – und leider gibt es auch hier Tatsachenberichte, in denen die Touristen nur noch mitansehen konnten, wie ihr Reisegefährte mit wenigen Prankenhieben blitzschnell getötet wurde.
Ein somalisches Sprichwort sagt, daß ein tapferer Mann immer dreimal vor einem Löwen Angst haben darf: wenn er zum ersten Mal seine Spur sieht, wenn er ihn zum ersten Mal brüllen hört und wenn er ihm zum ersten Mal gegenübersteht.
Selbst erfahrene Großwildjäger haben Respekt vor dem tatsächlichen „König der Wildnis“. So schreibt der Jäger Hemingway über einen bereits zweimal tödlich getroffenen Löwen:* „Dreißig Meter tiefer im Gras lag der große Löwe flach hingestreckt am Boden. Seine Ohren waren angelegt, und seine einzige Bewegung war ein schwaches Auf- und Abzucken seines langen schwarzquasti-

* „Das kurze glückliche Leben des Francis Macomber.“

gen Schwanzes. Er stellte sich, sobald er diese Dekkung erreicht hatte, und die Wunde in seinem vollen Leib ließ ihn erbrechen, und die Wunde in der Lunge, die ihm jedes Mal, wenn er atmete, ein dünnes, schaumiges Rot ins Maul trieb, schwächte ihn. Seine Weichen waren naß und heiß, und Fliegen waren auf den kleinen Öffnungen, die die Kugeln in sein lehmfarbenes Fell gemacht hatten, und seine großen gelben, von Haß verengten Augen blickten starr vor sich hin und zuckten nur, wenn der Schmerz beim Atmen kam und seine Pranken sich in die ausgedörrte Erde gruben. Alles in ihm, Schmerz, Übelkeit, Haß und alle ihm verbliebene Kraft verdichteten sich zum Sprung. Er konnte die Männer sprechen hören, und er wartete und preßte sein ganzes Sein in diese Vorbereitung zum Angriff – die Männer sollten nur das Gras betreten. Als er ihre Stimmen hörte, steifte sich sein Schwanz und zuckte auf und nieder, und als sie den Rand des Grases betraten, gab er ein hustendes Grunzen von sich und griff an.“

Auf der Rückfahrt zur Lodge treffen wir auf Geparden, die viel katzenhafter und geschmeidiger als Löwen sind. Ich bin erstaunt, daß uns die wunderschön gefleckten Wildkatzen bis auf wenige Meter heranlassen, ruhig am Fluß saufen und dann langsam im hohen Gras verschwinden.

Dieselben Geparden treffen wir am nächsten Morgen wieder. Wie eine kitschige Porzellanfigur sitzt ein Gepard dicht an der Straße und beobachtet genüßlich „seine Speisekarte“, eine in gut 200 m Entfernung dahinziehende Gazellenherde. Der Gepard zieht ein wenig seinen Kopf ein. Er will wohl Deckung suchen und muß doch über das hohe Gras schauen können. Der Körper ist angespannt, seine Flanken zittern vor Erregung, unseren Fotografenbus würdigt er keines Blickes, obwohl wir fünf Meter neben ihm unsere Kameras klicken lassen. Plötzlich schießt das Tier wie ein Pfeil davon, lang hingestreckt in riesigen Sätzen! Sofort kommt Bewegung in die Gazellenherde, Panik! Schon ist der Gepard unter den in alle Richtungen davonspringenden Tieren und hat eine Gazelle von der Herde getrennt. Noch drei, vier Sprünge. Eine kleine Staubwolke! Zwei Körper überschlagen sich!

Seite 92 *Thomsongazellen, typische Wandertiere der Serengeti, bei der abendlichen Tränke in der Nähe von Seronera.*

Seite 93 *Oben: Die Zebraherden in der Serengeti nehmen an den jährlichen Tierwanderungen teil, sie setzen sich aus einzelnen festgefügten Familien zusammen.*
Links unten: Die grüne Meerkatze trägt ihr Junges geschickt mit sich herum.
Rechts unten: Der Sattelstorch ist der größte und zugleich farbenprächtigste Storch in Afrika.

Erstaunlich rasch bleiben die anderen Gazellen wieder stehen und wissen: sie sind noch einmal davongekommen. Der Gepard aber reißt seinem Opfer bereits die ersten blutwarmen Brocken aus dem noch zuckenden Leib. Da sind wir mit dem Auto bei ihm. Er fühlt sich gestört und läßt von der Beute ab. Sekunden später fallen Geier wie Geschosse vom Himmel auf die tote Gazelle, und nach wenigen Minuten liegen nur noch völlig fleischlose Knochen im Steppengras.

Der Gepard ist der schnellste Läufer unter allen Landsäugetieren. Er verläßt sich bei der Jagd auf seinen Blitzstart und erreicht schon nach Sekunden eine Geschwindigkeit von über 100 km pro Stunde. Die Gazelle ist dem Geparden in der Geschwindigkeit unterlegen, nicht aber in der Ausdauer. Hat der Gepard sein Opfer nicht in den ersten zwei oder drei Minuten gepackt, dann hat die Gazelle eine Überlebenschance, da der Gepard sehr rasch ermüdet.

Wenn ein Tier in der Wildnis gerissen wird, ist das nie ein schöner Anblick, obwohl das zu Afrika gehört, zur Wildnis und auch zur gesunden Ökologie der Schutzgebiete. Im Ngorongoro-Krater konnte ich einen Löwen aus allernächster Nähe beobachten, der ein Gazellenbaby geschlagen hatte und seine Beute genüßlich schmatzend verzehrte. Das kleine Tier lebte noch und war bei vollem Bewußtsein. Es schrie fürchterlich, während der Löwe der Gazelle zunächst die Hinterläufe zerbiß und auf ihnen herumkaute. Es war herzzerreißend anzusehen, wie die Gazellenmutter die Schreie ihres Babys hörte und unruhig, helfen wollend und nicht könnend, um den Löwen herumlief. Die Gazelle näherte sich bis auf wenige Schritte dem gefährlichen Löwen und versuchte immer wieder, ihr Baby zu sehen und zu holen. Es dauerte länger als eine halbe Stunde, bis die kleine Gazelle endlich keinen Laut mehr von sich gab und im Maul des Löwen starb.
Ein anderes Erlebnis mit einer Gazellenmutter haben wir auf der Rückfahrt von Seronera. Dicht an der Straße stehen Mutter und Kind, eine winzige Gazelle, erst einige Stunden alt. Mutter und Kitz ergreifen die Flucht, aber das winzige Tier kann nicht mit der schnellen Mutter mithalten. Instinktiv wirft sich das Kitz in das braune Gras und stellt sich tot. Das Jungtier muß wenige Meter von uns entfernt liegen, aber wir finden es nicht, so gut ist die Tarnung und so ruhig liegt es da. Die Gazellenmutter sieht, was geschehen ist. Sie weiß, daß ihr Kitz gut getarnt unmittelbar neben unserem Bus im Gras liegt. Sie kommt langsam heran, macht auf sich selbst aufmerksam und möchte uns einfach

weglocken. Wir sollen ihr folgen, sollen weg von ihrem Jungtier. Die Gazelle weiß, daß sie schneller ist als wir, sie weiß aber auch, daß ihr Kind uns schutzlos ausgeliefert ist. Langsam kreist sie um uns herum. Unser Fahrer Mohamed steigt aus und sucht im Gras. Plötzlich hat er die winzige Gazelle im Arm. Ich wundere mich etwas über sein Verhalten und hätte das hilflose Kitz zu gerne in der Tarnung fotografiert. An einem Bild des Tieres in den Armen des Menschen habe ich kein Interesse. Das wiederum versteht unser Mohamed nicht.
Mohamed gibt das winzige Tier wieder frei, und es springt ängstlich und verwirrt zu seiner wartenden Mutter. Beide Tiere bleiben zunächst stehen, beschnuppern sich und ziehen dann erstaunlich langsam fort in die Steppe.

Wenn ich hier ein wenig über die bekannten Parks zu Füßen des Kilimanjaro plaudere, dann gehört auch noch der berühmte Ngorongoro-Krater dazu, der zwischen Lake Manyara und Serengeti liegt.

Diese gewaltige Kraterschüssel mit einem Durchmesser von 18 km, in einer Höhe von über 2000 Metern, wird sogar gerne als „Achtes Weltwunder" bezeichnet. Die Wände des Kraters, die morgens oft von Wolken eingehüllt werden, sind so steil, daß die Tiere hier nur schwer ausbrechen können. So leben etwa 30000 Wildtiere auf dem topfebenen Kraterboden. Alleine die Anfahrt im Landrover ist schon ein echtes Abenteuer (es ist nur möglich, mit Vierrad-angetriebenen Fahrzeugen in den Krater hinunterzufahren). Eine Attraktion des Kraters ist auch der Picknickplatz am Hipposee. Nichts Böses ahnend sitzt man hier, bereits ein wenig tiermüde, im Schatten einer Baumgruppe und öffnet hungrig die vom Hotel eingepackten Lunchpakete mit belegtem Brot, einer Banane und der obligatorischen Hühnerkeule. Da fährt wie ein Blitz aus heiterem Himmel ein schwarzer Schatten herunter und – schwupp – fort ist die leckere Hühnerkeule.

Stukaähnlich schießen Milane mit Spannweiten, die über einem Meter liegen, auf die Touristen nieder und stehlen sich so ihre Mahlzeiten zusammen. Was in den Lunchpaketen noch übrigbleibt, das holen später am zweiten Rastplatz im Krater die frechen Meerkatzen, die in die Rover hineinklettern und sich über die Pappkartons hermachen, die sie ganz genau von Kamerataschen und anderem Gepäck unterscheiden können.

Seiten 96/97 *Massai sind heute noch nomadisierende Viehzüchter, die in Tanzania eine ethnische Minderheit bilden.*

Wer zum Ngorongoro-Krater fährt, hat dort zwei komfortabel eingerichtete Übernachtungsmöglichkeiten: die staatliche WILDLIFE LODGE und die CRATER LODGE. Ich habe in beiden campiert und empfehle die privatgeführte kleinere Crater Lodge, in der ich den besten Service in Tanzania überhaupt vorfand. Die Lodge ist zünftig eingerichtet: um ein Haupthaus mit Speisesaal, in dem ein gemaltes Michael-Grzimek-Porträt an der Wand hängt, und einer abgeteilten Kaminecke stehen einzelne Hütten, von denen man eindrucksvolle Ausblicke in den großartigen Krater genießen kann.

Wir hocken am Abend noch lange an der Bar, genießen Bier und Whisky und gehen dann, spät in der Dunkelheit, in unsere Übernachtungshütte. Dabei müssen wir 200 Schritte über das offene Gelände der Lodge laufen. Das alleine ist schon gefährlich. Ein Wächter der Crater Lodge, wild angezogen und mit Pfeil und Bogen bewaffnet, führt uns zum Haus. Zunächst glaube ich, das alles ist ein wenig Show und frage den Wächter, wo denn hier die Gefahr liegt. Der Mann spricht nur wenige Brocken Englisch und deutet, ihm zu folgen. Wenige Schritte von unserem Weg entfernt, mitten zwischen den Hütten, glotzt uns ein Kaffernbüffel an, den der Schein der Taschenlampe unseres Wächters voll trifft. Kaffernbüffel sind angriffslustiger als Löwen und Elefanten und gehören tatsächlich zu den gefährlichsten Tieren der Nationalparks.

Ich habe über das Volk der Chaggas erzählt, die an den Hängen des Kilimanjaro zu Hause sind. Viel bekannter sind aber die Massai in den Steppen Ostafrikas: bronzefarbene, große, schlanke Körper mit erdfarbenen Tüchern um die Hüften, mit einem blitzenden Speer in der Hand, unendlich stolz ihre stattlichen Rinderherden hütend, so kennen wir sie von Beschreibungen und Bildern. Apropos Bilder: Die Regierung in Tanzania wünscht nicht, daß Touristen Massai fotografieren – und es gibt auch keine Schau- und Fotografierdörfer und Tanzfeste für kamerabewaffnete Touristen wie beispielsweise in Kenia.

Die schwarzen Fahrer der Busse wissen das und achten streng darauf, daß diese typischen Steppennomaden auch tatsächlich nicht fotografiert werden. Da blutet natürlich das Herz, wenn man die Männer mit ihren Speeren und den rotgefärbten Haaren oder die Frauen mit den farbigen Meerschaumperlen um den Hals im schönsten Licht winkend neben der Straße sieht. Die Erfahrung zeigt aber, daß Fotostops oft mit Steinwürfen der Massai beantwortet werden. So ist schon mancher Bus mit zerbrochener Windschutzscheibe heimgefahren! (Abseits der Dörfer, draußen in den Steppen kommt es aber auch vor, daß ganze Massaigruppen am Wege warten, einen Touristenbus stoppen, um sich gegen gute Bezahlung fotografieren zu lassen.)

Die Regierung schämt sich ein wenig der konservativen Nomaden und fürchtet, daß Touristen heimfahren und erzählen: „Dort sahen wir Elefanten, Löwen und Massai, die alle in der Steppe hausen!"

Dann gibt es aber auch noch einen anderen Grund für das Fotografierverbot: Die Massai haben längst erkannt, daß der Tourist bereit ist, gute Schillinge für eine Aufnahme zu bezahlen, so viele Schillinge, daß die Männer eigentlich gar nicht mehr arbeiten müßten. Sie würden nur noch an den Straßen hokken und auf Busse warten; eine grausame Entwicklung mit düsteren Zukunftsaussichten!

Die Massai waren einst nomadisierende Viehzüchter und lebten um den Rudolf-See, von dort aus zogen sie langsam mit ihren Herden nach Süden in die weiten Savannen Kenias und Tanzanias, wo sie heute noch ethnische Minderheiten bilden. Wichtigstes Merkmal ist ihr konservatives Handeln und Denken, sie wollen sich keinem fortschrittlichen System unterordnen und manövrieren sich so selbst in eine Sackgasse ohne Ausweg hinein.

Die jungen Massaimänner sind zunächst Viehhirten, dann – im Alter zwischen 14 und 18 Jahren – werden sie durch die traditionelle Beschneidung in den Stand der Krieger erhoben. Jetzt flechten sie ihre Haare kunstvoll und verschmieren sie mit Okkerfarben. Sie tragen Waffen: Schwert, Speer und Schild. Damit sollen sie ihre Sippe gegen Angriffe von Mensch und Tier verteidigen. In diese Zeit des Jungkriegers gehört auch die für jeden Massai wichtige Mutprobe: Der Moran – so nennt sich der Krieger – muß einen Löwen mit dem Speer töten.

Viehdiebstähle sind an der Tagesordnung und gelten bei den Massai nicht als Vergehen, denn Gott gab bei der Weltschöpfung nach dem Glauben dieser Menschen alles Vieh den Massai. So muß Vieh, das jetzt andere Menschen haben, irgendwann einmal den Massai gestohlen worden sein.

7–8 Jahre Krieger, das genügt den Männern, danach schneiden sie sich die Haare wieder kurz, heiraten ein Mädchen und lassen sich vom Vieh und von den Frauen aushalten. An Arbeit denken sie danach nicht mehr.

Seite 100 *Bei den Massai schmücken sich Männer und Frauen gerne mit auffallend buntem Schmuck. Die Krieger bemalen sich außerdem kunstvoll mit Ockerfarben. Der typische Halsschmuck der Frauen besteht aus eingefärbten Meerschaumperlen, die über Drahtringe geschoben werden.*

Seite 101 *Ein Massai-Ehepaar in der Serengetisteppe: Er ist 70 Jahre alt, sie ist 17 Jahre jung.*

Da ihr Weideland durch die Errichtung der Parks und durch das Vordringen der Zivilisation immer kleiner wird, werden sie langsam ins „Abseits" gedrängt und gehen einer sehr dunklen Zukunft entgegen, wenn sie nicht umdenken und ihr faules Nomadendasein doch noch rechtzeitig aufgeben. Anzeichen dafür gibt es. So findet man heute bereits erste Massai unter den Medizinstudenten in Nairobi, und auch in anderen Berufen versuchen sie, Fuß zu fassen.
Die Massai wissen, daß es ein generelles Fotografierverbot für sie gibt und möchten dennoch gerne einige Schillinge schnell verdienen. Bei allem konservativen Denken ist doch der Konsumreiz von Blue jeans und Transistorradios groß und verlokkend.
Unsere Busse stoppen vor dem bunten Markt in Mto-Wa-Mbu unweit des Manyara-Sees. Hier gibt es herrliche Maconde-Schnitzereien, Massai-Schmuck aus buntgefärbtem Meerschaum und billige Bananen. Während meine Freunde mit ihren Kameras im dichten Marktgewühl untertauchen, gehe ich zusammen mit Renate in eine Seitengasse. Renate ist ein hübsches, blondes und schlankes Mädchen, das eher wie eine etwas blasse Isländerin oder Schwedin aussieht und mich schon auf vielen abenteuerlichen Reisen begleitet hat. In Afrika sehen ihr oft Männer und Frauen nach und wundern sich über so blondes Haar! Jetzt schaut uns ein halbes Dutzend Massaikrieger aus dem Schatten eines Feigenbaumes heraus hinterher – sie pfeifen sogar, wie junge Burschen in aller Welt hinter Mädchen herpfeifen. Das lassen wir uns nicht zweimal sagen – oder pfeifen. Wir drehen um und gehen auf die halbnackten Burschen zu, die der blonden Renate frech ins Gesicht grinsen. 20 Schillinge verlangen die Krieger für ein Foto. Wir vereinbaren einen Platz hinter dem Dorf, so daß wir ein wenig aus der Sicht der bunten afrikanischen Menschenmasse kommen. Die Massai folgen uns, und ich schieße einige brauchbare Porträts. Renate assistiert professionell und reicht mir die unterschiedlichen Objektive zu. Ich biete jedem Massai die vereinbarten 20 Schillinge. Diese aber wehren ab und fordern jetzt 200 Schillinge. Als der erste Mann wütend nach meiner Kamera greift und den Speer erhebt, scheint die Situation ernst zu werden. Die Männer wissen genau, daß ich keine Polizei rufen kann. Der Massai zerrt und dreht an meiner Leica, so daß mich der lederne Trageriemen am Hals würgt. Da kann ich den Mann nur anbrüllen, mit einem Ruck habe ich mich befreit und werfe den Massai die zugesagten 20 Schillinge vor die Füße in den Sand.

Etwas verblüfft läßt der Krieger von mir ab und bückt sich nach dem Geld. Renate, etwas blaß geworden, und ich eilen zurück zum Dorf. Ein etwas schlechtes Gewissen haben wir alle; die Massai, ich und auch Renate. Haben wir doch gegen ein Gesetz und auch gegen die guten Sitten in einem Land verstoßen, in dem wir schließlich nur Gast sind.

Es ist drückend heiß, jenseits des Marktes liegt eine kleine Bar an der Straße. Hier trinken wir eisgekühlte Cola nach dem Massai-Schreck. Eine halbe Stunde ist vergangen, wir zahlen und brechen auf. Da tippt ein Schwarzer von hinten auf meine Schulter. Er trägt ein leuchtendrotes Hemd und eine dunkle Sonnenbrille: „Geben Sie mir Ihre Kamera, Sie haben Massai fotografiert und wissen genau, daß das verboten ist. Ich bin Polizist, hier ist mein Ausweis!“
Wir sind sprachlos. Woher kommt der Mann und woher will er wissen, was wir gemacht und fotografiert haben.
„Hier ist ein Zeuge, er hat sie beobachtet und dann die Polizei verständigt!“
Also gibt es hier richtige Spitzel in den Dörfern. Was soll ich tun, ich könnte ihm meinen Film geben und damit auf die wenigen Massai-Bilder und auf gute Elefantenaufnahmen verzichten, die ich vor Stunden im Manyara-Park aufgenommen habe. Das möchte ich aber nicht, und so weigere ich mich in der Bar, die Kamera herauszugeben. Sofort ist eine neugierige Menschenmenge um uns versammelt und erhofft eine kleine Sensation im Alltagsgrau von Mto-Wa-Mbu. Dem möchte ich entrinnen und so schlage ich unserem Widersacher vor, mit ihm zur Polizeistation zu gehen und dort die Angelegenheit zu klären. Der Polizeibeamte willigt ein. Renate erkennt sofort, worum es geht, und beginnt eine banale Unterhaltung mit dem Schwarzen. Während ich einen Schritt hinter den beiden gehe, kann ich den belichteten Film unbemerkt zurückkurbeln und in der Hosentasche verschwinden lassen. Es gelingt mir aber nicht, einen neuen noch unbelichteten Film einzulegen, um diesen dann schuldbewußt der Polizei zu übergeben. Das Polizeigebäude liegt am Rande des kleinen Dorfes. Nach 10 Minuten Wegstrecke sind wir dort; der Polizist in Zivil, der Spitzel, der uns, sein Fahrrad schiebend, begleitet, Renate und ich.

Jetzt verlange ich nach dem höchsten Vorgesetzten der Station und stehe schon bald in einer schlichten Amtsstube, unter einem quirlenden Ventilator, dem uniformierten Polizeichef gegenüber. Ich erkläre ihm, daß ich sein Land liebe und mich in

Seiten 104/105 Der Kilimanjaro von Momella aus gesehen. „Das Bild wird mich mein Leben lang begleiten“ (Hardy Krüger).

Tanzania sehr wohl fühle, daß ich Fotoamateure zum Kilimanjaro und auch in die Tierparks führe, und daß eben zur Fotoausbeute nicht nur Löwen und Baobabs gehören, sondern auch die immer lachenden Chaggas und die stolzen Massai.
Der Polizeichef versteht mich und lächelt: „Sie kennen das Gesetz, Sie haben gegen dieses Gesetz verstoßen. Ich gönne Ihnen die Bilder, muß aber etwas unternehmen, damit ich meinen Untergebenen gegenüber das Gesicht nicht verliere. Sie wurden angezeigt, der Zeuge und der Polizist, sie haben nur ihre Pflicht getan. Bitte geben Sie mir Ihre Paß-Nummer, ich werde ein Protokoll über den Vorfall anfertigen. Dann können Sie gehen, mit Ihrer Kamera. Kommen Sie bald wieder nach Tanzania, aber seien Sie vorsichtiger, wenn Sie Massai bei uns fotografieren. Viel Glück!"

Ein gutes Jahr nach der Kibobesteigung im Regen und Schnee, bei der ich weder etwas vom Berg noch vom Weg gesehen habe, bin ich wieder in Momella. Die Lodge scheint langsam zu verfallen: Das Stromaggregat ist kaputt, und so gibt es weder Licht noch warmes Wasser. Die Pumpen des Pools sind stehengeblieben und starren vor Rost. Ganze Hüttendächer sind unter dem schweren Tropenregen verfault, und die Gäste fehlen. Wir Fotografen sind die einzige kleine Gruppe im riesigen Speiseraum und kommen uns ein wenig verloren vor. Unweit der Lodge verfällt auch die einst so produktive Wurstfabrik.
„Wenn Hardy Krüger wiederkommen würde, alles würde aufwärtsgehen", sagt mir ein Schwarzer an der Bar mit etwas wehmütiger Stimme. Er scheint von alten, besseren Zeiten zu träumen.

Geblieben ist aber die Ruhe auf Momella, die Bilderbuchlandschaft am Fuße des Mt. Meru mit den funkelnden Momella-Seen und den majestätischen Giraffenherden in unmittelbarer Nähe der Lodge. Geblieben sind auch die tausend blühenden und duftenden Blumen vor dem Haupthaus und die farbenprächtigen Schmetterlinge dazwischen.

Noch leuchten die Blumen nicht, es ist viel zu früh am Tag! Erstes schwaches Silber im Osten verdrängt die dunklen Schatten der Nacht. Durch das taunasse Gras gehe ich zusammen mit Renate langsam hinunter zum Hippopool. Das ist ein kleiner See, mitten in der Wildnis, nur 10 Minuten von der Lodge entfernt. Am See erwacht der Tag; da schnattern Enten und andere Wasservögel, da zwitschern unbekannte Tropenvögel, da atmen und röcheln geräuschvoll die Hippos, von denen nur die Nasenlöcher und die kleinen Augen aus dem Wasser herausschauen. Hinter dem See zieht

I have climbed Kilimanjaro. Have you?

sich dichter Urwald den Hang hinauf. Es knackt im Wald, Äste brechen, Buschwerk wird zur Seite gedrückt. Elefanten sind zur morgendlichen Tränke unterwegs.
Plötzlich zeigt sich hoch oben am Himmel ein zarter rosa Schimmer, wird langsam stärker und verdichtet sich zu einer roten Wolke, die über einem tätigen Vulkan zu schweben scheint. Mit den ersten Sonnenstrahlen treten drei Wasserböcke an den See. Die rote Wolke ist plötzlich verschwunden, aus ihr ist ein weißer, gleißendheller Eisdom geworden.
Der Kilimanjaro von Momella, das ist schon sehenswert! Jetzt erst merke ich, daß uns auch andere Fotografen in der Dämmerung gefolgt sind. Unsere Kameras klicken, wir sprechen aber nur wenig; wir alle sind von diesem Morgen, von diesem Land und diesem Berg gefangen. Keine Wolke über dem Kibo, kein Regen, kein Schneesturm. Also hinauf auf den Kilimanjaro!

Seite 108 Abendstimmung in der Serengeti.

Seite 109 Das Gästehaus von Hardy Krügers Momella-Lodge.

Sonne, Eis und wenig Luft

Seit unserem Aufstieg zum Kibo im Regen ist mehr als ein Jahr vergangen. Manches ist anders: die Jahreszeit – es ist September –, die Gruppe – wir sind 18 Frauen und Männer aus Deutschland und Österreich – und das Wetter. Der Kibodom strahlt blendend weiß unter einem wolkenlosen Himmel über den sattgrünen Bananenplantagen von Marangu, in dem blaue schwere Blüten hängen.
Mitten im Dorf kommt mir Joachim Sianga entgegen. Wie alte Freunde fallen wir uns in die Arme, lachen, schwatzen, erinnern uns an Sturm, Regen und Schnee. „Now sunshine on top, we will have a good climb!"
Im Maranguhotel ist alles wie im Vorjahr. Erica von Lany bereitet die Neulinge auf die Bergbesteigung vor und mahnt immer wieder: „Langsam gehen und oft rasten!"
Dann plaudert Frau von Lany in unserem Kreis ein wenig über ihr Leben in Marangu, über ein Kapitel deutsche Geschichte, das sie noch hautnah miterlebt hat. Ihre Stimme wird leiser, so reduziert sie die Zahl ihrer Zuhörer automatisch.

1893 kam ihr Vater mit der Leipziger Mission nach Ostafrika, um hier Häuser und Kirchen zu bauen. Von der Küste bis Marangu war es ein weiter und beschwerlicher Weg. 3–4 Wochen dauerte die Reise im Ochsenwagen – und Abenteuer gab es genug: Eines Abends sprang ein Löwe mitten in das Lager der Reisenden und riß einen Ochsen.
Die neuerbauten Missionsstationen lagen damals weit auseinander, 50 oder gar 60 Kilometer. 2–3 Marschtage waren es bis zum nächsten Nachbarn, und der Weg war nicht ungefährlich.

„Mein Vater wollte zwei Missionare zur nächsten Station begleiten, aber er wurde kurz vor der Abreise krank und mußte hier in Marangu bleiben. Diese Krankheit hat ihm das Leben gerettet, denn beide Missionare wurden unterwegs ermordet. Massai töteten die schlafenden Männer feige mit ihren Speeren durch die Zeltleinwand!"

Die Chaggas hatten von den Weißen viel gelernt und waren dankbar für die Mission und die Hilfe von außen. So schenkte der Häuptling von Marangu den von Lanys 40 ha Land für eine Farm. Die deutschen Ostafrika-Pioniere versuchten ihr Glück mit der Viehzucht, mit Rindern und Pferden, aber die Tsetsefliege war stärker. So baute man mit Erfolg Weizen und Kaffee an. Als aber der Wert des Kaffees 1932 stark fiel, war die Existenz erneut bedroht. Inzwischen kamen viele Bergsteiger nach Marangu. Sie campierten oder wohnten bei den Lanys in der Farm. Da entstand die Idee zu einem richtigen Hotelbetrieb. Aus der Farm, die Erica

Erica von Lany führt das Maranguhotel.

von Lany zusammen mit ihren Eltern aufgebaut hatte, wurde das heutige Maranguhotel.
Frau von Lany macht eine Pause in ihrer Erzählung, und ich unterbreche sie mit der Frage: „Gibt es hier in Marangu heute noch mehr Deutsche aus Ihrer Zeit, gibt es so etwas wie einen Freundeskreis?“ „Nein, das alles gab es einmal. Meine Freunde liegen auf dem Friedhof neben der kleinen Kirche. Mein Vater starb 1941, meine Mutter 1964. Ich bin die letzte hier in Marangu und werde das Hotel nicht mehr sehr lange führen können. Ich muß es verkaufen, aber nur in gute Hände!“

Plötzlich meldet sich unser Pessimist vom Vorjahr, Rainer: „Hört ihr den Regen auf dem Dach? Ich kenn das, es wird genauso wie vor einem Jahr!“
Rainer hat recht, schwere Regentropfen trommeln auf das Hotel. Wir gehen in unsere Zimmer und packen die Seesäcke. Stunden später wecken uns Sonnenstrahlen, und durch Fenster und Blüten – rote Weihnachtssterne – hindurch schauen wir hinauf zum großen Berg. Frei und scheinbar nah steht er in der klaren Luft.

Seite 112 *Typischer Regenwald am Fuße des Kilimanjaro.*

Seite 113 *Unsere Träger freuen sich wie wir über das gute Wetter beim zweiten Aufstieg.*

Frau von Lany ist längst auf und spricht mit ihren Chaggas durch die Tür ihres kleinen Büros. Da stehen sie alle angetreten: Joachim, Camili, Vincent und viele mehr. Das alles erinnert wahrlich ein wenig an eine militärische Befehlsausgabe, nur das Lachen und die Fröhlichkeit der Schwarzen sind völlig unmilitärisch. Frau von Lany genießt den vollen Respekt der Träger und Führer. Sie sagt jedem präzise, was er zu tun hat, was er tragen und welche Funktion er in unserer Expedition erfüllen muß. Keine Widerworte, kein Murren, nur kurze Antworten: „Yes Madam!"

Ich habe nicht das Gefühl, daß hier irgendwer von einer weißen Frau unterdrückt oder gar ausgebeutet wird. Die Schwarzen arbeiten ja auch freiwillig für Frau von Lany – und alles funktioniert. Der Hotelbetrieb, die Kiboexpeditionen – und das Leben der fröhlichen, lachenden und singenden Chaggas. Werden sie noch genauso lachen und singen, wenn Erica von Lany einmal keine morgendlichen „Befehle" mehr ausgeben kann?
Zusammen mit Joachim wiegt und mißt sie im Magazin Mehl, Zucker, Salz, Gemüse und Fleisch ab. Dann sind wir unterwegs: junge Bergsteiger, die zum Gipfel stürmen, und Frauen und Männer, die einfach unter der Äquatorsonne ein wenig wandern möchten. Viele unserer Gruppe werden uns nur bis zur Horombohütte begleiten und dort auf unsere Rückkehr vom Berg warten. Es ist heiß, aber der Weg ist im unteren Teil schattig. Nur ab und zu dringt ein Sonnenstrahl durch das dichte Urwalddach und läßt die moosgrünen Flechtenbärte an den riesigen Bäumen aufleuchten.
Camili und Vincent gehen ganz vorne, sie wollen rasch in der Mandarahütte sein, um das Essen vorzubereiten. Joachim, Renate und ich bilden den Schluß, und immer wenn wir rasten, setzt sich Joachim ein Dutzend Schritte neben uns in den Schatten und wartet geduldig, bis wir nach einem Schluck Wasser, nach einer Banane oder nach einem leckeren Hühnerbein wieder aufbrechen.
Joachim und ich haben uns in Marangu wie alte Freunde begrüßt, haben uns umarmt und können unterwegs stundenlang miteinander plaudern. Und doch läßt er bei jeder Rast einen Zwischenraum! Er ist der Führer, der von uns bezahlt wird, wir sind die Weißen, „Sahibs", die so viel Geld haben, daß sie es für eine nutzlose – nicht sinnlose – Kibobesteigung ausgeben können!
Verachten uns deshalb Träger und Führer im Himalaya, im Karakorum oder hier am Kilimanjaro? In Einzelfällen vielleicht, in der Mehrheit sicher nicht! Im räumlichen Abstand bei unseren Rasten sehe ich eher die Erziehung durch Frau von Lany und den Respekt, den Joachim uns entgegenbringt.

Es gibt viele Stimmen, die behaupten, Bergsteiger und Touristen haben die Eingeborenen kaputtgemacht, haben ihnen nur Konsumdenken gebracht und ihre inneren Werte zerstört. Das mag in manchen Fällen wirklich zutreffen, aber nicht immer und überall. Durch westliche Bergsteiger ist ein Sherpa Tenzing weltberühmt geworden und hat seinem Volk ein neues, stark ausgeprägtes Nationalbewußtsein gegeben. Durch die Initiative von Frau von Lany sind viele Bergführer am Kilimanjaro zu einem neuen Beruf gekommen, den sie heute mit großem Können und Stolz ausüben. Auch für diese Eingeborenen ist die Welt kleiner geworden, sie haben Freunde in Europa, in den Staaten und in Asien; Joachim zeigt unterwegs gerne Briefe und Fotos vor!

Über 200 Kibobesteigungen mit Touristen aus aller Welt haben diesen Mann nicht habgierig, arrogant oder gar unehrlich gemacht, sondern selbstbewußt, stolz und voll verantwortlich für das Leben seiner Schützlinge.

Im letzten Nachmittagslicht sind wir alle in der Mandarahütte und beziehen gemeinsam den großen Schlafraum in der Haupthütte. Bei der gemütlich summenden Gaslampe frage ich, wer zum Gipfel möchte. Da ist Wolfgang, der junge Student. Er will hinauf, sein Vater dagegen, Lungenfacharzt aus Wolfsburg, der mit mir schon in der Sonnenglut der Sahara und am Mt. Everest auf Trekkingtour war, wird nur bis Horombo mit uns gehen. Für Klaus vom DAV Aschaffenburg ist der Gipfel eine Selbstverständlichkeit. Arnold aus Singen möchte es ebenfalls versuchen, ebenso Erwin aus Wien. Bernd aus Mannheim, der eigentlich Jürgen heißt, den wir aber wegen seines Nachnamens Rosemeyer alle Bernd nennen, hat ebenfalls Gipfelambitionen. Unsere Frauen sind weniger ehrgeizig, sie möchten die seltene Vegetation am Weg genießen und setzen sich Horombo als Ziel. Auch schon eine gute Leistung, liegt doch die Horombohütte am Kibo bereits höher als der Gipfel des Großglockners. Von unseren fünf Frauen ist nur Renate am Gipfel interessiert.

Rasch steigen wir am nächsten Morgen durch den letzten Urwald hinauf in die Heide. Je höher wir kommen, desto fröhlicher werden unsere Träger. Sie singen ein unsinniges Lied, immer wieder:

„Der Kilimanjaro ist ein hoher Berg,
der Mawenzi ist ein hoher Berg,
um mich herum schleicht eine Schlange.
Schlange, möchtest du mich beißen?“

Seite 116 *Riesenkreuzkraut (Senecien) an der Horombohütte.*

Seite 117 *Wie Kerzen stehen blühende Lobelien in der Heidelandschaft des Kilimanjaro.*

Nach dem Lied lachen die schwarzen Gesichter und beginnen den Vers von vorne. Wir singen und lachen mit ihnen, aber nur bei unseren Rasten. Beim Steigen fehlt uns die Luft dazu. Jetzt erst sehe ich – im Gegensatz zum Vorjahr – die großartige Heidelandschaft mit den kleinen Vulkankegeln und den nicht enden wollenden Geländestufen. Der Kibodom kommt einfach nicht näher, aber die senkrechten Wände des Mawenzi schieben sich langsam rechts an uns vorbei. Auf halbem Wege zwischen Mandara und Horombo stehen die ersten Senecien, das berühmte Riesenkreuzkraut. Nicht am Weg, sondern in einer kleinen wasserführenden Schlucht, in die Renate und ich hineinklettern.

Welch herrliche Motive! Aus den Nebelkobolden des vergangenen Jahres sind leuchtende Kulissen aus der Vorzeit geworden: baumgroße Pflanzen, die zu einem anderen Stern passen würden. Gegen die Sonne stehen sie dunkel und drohend da. Im Licht aber sehen sie kraftvoll und ungemein farbig in der braunen Landschaft aus. Zwischen dem seltsamen Kraut plätschert kristallklares Wasser talwärts. So trinken wir aus der frischen Quelle und legen uns in die Heide. Über uns vor dem Himmelsblau die grünen Kränze der Vorzeitsenecien, die zu Spekulationen und Träumen verführen. Wieviel Schönes schenkt uns doch diese großartige Welt!

„Warum möchtest du zum Gipfel, Renate?“
„Er ist eine Herausforderung, auch für eine Frau!“
„Nur das?“
„Ich möchte den Krater sehen, die Eiskaskaden am Äquator. Und ich geh auch deinetwegen, ich möchte dir zeigen, daß ich es schaffe. Nur so!“
„Du bist sehr ehrlich, du wirst es schaffen! Aber es wird hart für dich, dein Kreislauf ist nicht der beste und 6000 m sind eben 6000 m, das sind 2000 m mehr als damals am Nanga Parbat!“
„Aber die 4000 m am Nanga Parbat werden mir helfen, sie liegen erst wenige Wochen zurück, und ich fühlte mich oben im Basislager sehr gut!“
Der Weg ist noch weit und die Sonne steht schon tief. Unsere Gruppe ist auseinandergezogen, vielleicht 2 Meilen oder weiter. Da sitzt das Ehepaar Schilling und rastet, dort fotografiert Bernd auf dem Bauch liegend Blumen, und vorne sehen die Schnellgeher schon unser Tagesziel – die Horombohütte – mitten in einem Wald aus Riesensenecien, die jetzt in den letzten Strahlen der Abendsonne funkeln. Wir erreichen Horombo mit der untergehenden Sonne, die noch ein letztes Mal das Riesenkreuzkraut vor den braunen Holzhütten hell aufleuchten läßt und dann hinter der Silhouette des Kibodomes verschwindet. Wolkenfelder segeln unter uns über das Land, aus ihnen ragt weit im Süden der Mt. Meru in die anbrechende Nacht.

Nur ab und zu geben Wolkenlöcher den Blick in das Tal frei. Da strahlen wie tausend Sterne die Lichter von Moshi herauf. Wie eine glitzernde Großstadt erscheint der kleine Ort in der Steppe mit seinen beleuchteten Straßen, die sternförmig auf den Marktplatz führen. Außerhalb von Moshi ist es dunkel, nur da und dort ist schwacher Feuerschein zu erkennen, Buschbrände oder Lagerfeuer von Nomaden. Es ist kalt geworden, um den Gefrierpunkt herum. Unsere Gruppe der Gipfelstürmer ist weiter zusammengeschrumpft, nur Wolfgang, Klaus, Arnold und Renate möchten mit mir höher steigen. Kopfschmerzen und große Müdigkeit lassen uns früh den Schlafsack aufsuchen. Renate klagt über leichte Schwindelanfälle und über Kreislaufschwäche. Sie atmet ein wenig zu schwer, unnatürlich. Im Schein meiner Taschenlampe sehe ich plötzlich ihre weitgeöffneten Augen, die völlig abwesend zur Hüttendecke starren. Renates Gesicht ist verkrampft.

„Renate, was ist los?"

Keine Reaktion, sie ist bewußtlos. Ich schlage ihr ins Gesicht! Schnell springe ich vom Bett und suche im Rucksack nach Kreislauftabletten. Renates Augen sind gerötet, sie schaut mich fragend an: „Was ist los, wo bin ich?"

„Alles o.k.? Du warst weggetreten, schluck die Pillen und trink Tee! Versuch jetzt zu schlafen."

Am Morgen fühlt sich Renate besser, dennoch bespreche ich den Zwischenfall mit Dr. Fleischer.

„Wenn sie sich wohl fühlt, kann sie ohne Bedenken höher steigen. Aber langsam!"

Der Morgen beschert uns einen prachtvollen Sonnenaufgang. Einige Freunde begleiten uns hinauf bis zum Kibosattel, der den Kibodom mit dem Mawenzi verbindet. Hier steigen wir in eine richtige Mondlandschaft hinein. Die Kibohütte ist schon zu sehen, aber der Weg, ohne jede technische Schwierigkeit, ist lang. Vom Sattel sind es noch mehr als 5 Kilometer. Arnold und Klaus gehen mit Camili und Vincent voraus, vielleicht etwas zu schnell für diese Höhe. Joachim, Wolfgang, Renate und ich folgen und rasten oft. Aber das Rasten wird immer ungemütlicher, denn jetzt rast uns kalter Wind entgegen. Die Sonne versteckt sich immer wieder hinter Wolkenfeldern. Eine Nebelwand zieht vor den Kibodom. Der Weg hier oben erinnert wenig an eine Bergbesteigung, vielmehr an eine Wüstendurchquerung. Sandstein in gelben, rötlichen und schwarzen Farben, einzelne Felsen.

Nur noch wenige Schritte bis zur Hütte, aber es

Seite 120 *Die Strohblumen werden auch „Kilimanjaro-Edelweiß" genannt.*

Seite 121 *Das Haupthaus der Horombohütten (3700 m) mit dem Mawenzi im Hintergrund.*

wird steiler und wir gehen noch langsamer. Da reißen die Nebel wieder auseinander. Wir sind am Ziel. Die Kibohütte liegt in der vollen Mittagssonne vor uns. Renate geht es wieder gut, dafür klagt Arnold über Atemnot und Kopfschmerzen. Dennoch essen wir alle mit Appetit Suppe und Kuchen und trinken große Mengen Tee.
„Joachim, wird Renate den Kibo schaffen?"
„Yes Sir, but pole, pole!"

Joachim hat seine Schützlinge in den vergangenen Aufstiegstagen genau beobachtet und weiß, ob und wie sie die letzten qualvollen 1000 Höhenmeter morgen überstehen werden. Herrlich, noch eine Stunde in der wärmenden Nachmittagssonne vor der Hütte zu sitzen und den jagenden Wolken nachzuschauen.
Die typischen Kibohütten-Kopfschmerzen verleiten, Tabletten zu schlucken. Ich rate aber ab, denn Tabletten machen nur müde, und kurz nach Mitternacht wollen wir aufbrechen. Sofort nach Sonnenuntergang treibt uns die Kälte in die Hütte, wo wir unsere Sachen zurechtlegen: Gamaschen, Handschuhe, Wollmütze, Windkleidung, Skistock und die Wasserflasche. Auf einen Rucksack kann man eigentlich verzichten. Nur ich möchte ein schweres Fotostativ und mehrere Objektive mit zum Gipfel nehmen und stecke alles in den Rucksack hinein. Etwa 15 kg. Schon früh liegen wir in den Schlafsäcken.
0.30 Uhr. Camili weckt uns mit heißem Tee. Das tut gut. Arnold fühlt sich höhenkrank, hat schwere Atembeschwerden und wird unten bleiben. Fest geschlafen hat niemand. Der viele Tee und die Höhe haben uns wachgehalten. Draußen ist es sternenklar und windstill. Minus 8 Grad! Jetzt geht es nicht mehr ganz ohne Kopfschmerztabletten.
Schon nach den ersten Schritten klagt Renate trotz ihrer Wollfäustlinge über kalte Finger. Ich gebe ihr noch ein Paar Seidenhandschuhe, bekomme selbst aber eisige Füße. Durch zwei Paar Socken sind mir die Bergschuhe zu eng geworden. Ich möchte schneller gehen und hoffe, so mehr Blut in die Fußspitzen zu schicken. Andererseits ist es wichtig, zusammenzubleiben und sich nach dem schwächsten Geher zu richten. Wir haben auch nur 2 Öllampen dabei, eine trägt Joachim vorne, die zweite Camili hinten.
Unglaublich nah scheinen die Sterne über uns, ihre Bilder sind hier am Äquator für mich fremd. Ich erkenne nur den Orion deutlich mit seinem Gürtel, der hinüber zum Mawenzi zeigt. Ein schwacher Lichtschein im Osten. Für die Sonne ist es noch viel zu früh, es muß der aufgehende Mond sein, aber er wird uns nur wenig Licht geben, denn jetzt schiebt sich seine schmale silberne Sichel über den Hori-

zont. Wir sprechen nicht, zu hören sind nur unser stoßweiser Atem und das Schlürfen der Bergschuhe in der Asche. Es geht sich schwerer als im Vorjahr im Neuschnee. Um 4.00 Uhr erreichen wir die Meyerhöhle in 5200 m Höhe. Joachim reibt Renates Finger, und ich versuche, durch Sprünge im Stand wärmere Füße zu bekommen. Aber Sprünge kosten wieder Luft, es ist ein Teufelskreis. Jetzt ist die Kassiopeia aufgegangen und steht hoch oben über dem Kibogipfel. Wir werden immer langsamer, alle paar Schritte bleibt Renate stehen und läßt sich von Joachim die Finger warm reiben. Hier macht sich ihr schwacher Kreislauf bemerkbar. Das Thermometer zeigt jetzt minus 16 Grad, Gott sei Dank ist es dabei immer noch völlig windstill. Um halb sieben geht endlich die Sonne auf. Ihre ersten noch kalten Strahlen erreichen uns auf dem Kraterrand. Welch herrlicher Lohn für all' die Mühen: tief unter uns der weite Krater des Kilimanjaro. Der Kraterboden ist mit Schnee bedeckt, große Felsbrocken liegen herum, und jenseits ziehen sich blaugrüne Eiskaskaden stufenförmig Hunderte von Metern hinunter. Ich habe mein Stativ aufgestellt und fotografiere die jetzt nachkommenden Freunde. Renate und Joachim gehen die letzten Schritte sehr langsam, fast im Zeitlupentempo.

„Renate, du hast es geschafft!"

Sie hört mich nicht, sie sieht nicht das eindrucksvolle Panorama des Kraters! Sie weint vor Schmerzen, vor Kälte und vor Glück. Tränen kullern ihr über das vor Anstrengung erstarrte Gesicht, das unter ihrer blauen Wollmütze kaum zu sehen ist.

Seite 124 *Der Kibodom vom Sattel aus gesehen. Links oben sind die Kibohütte und darüber der steile Anstieg über das Aschenfeld zum Kraterrand erkennbar.*

Seite 125 *Der steilere und schwerer zu erkletternde Mawenzi.*

Seite 126 *Marsch durch die „Mondlandschaft" des Kibosattels.*

Seite 127 *Kreisförmig klammert sich letzte Vegetation (Strohblumen) um schützende Steine in 4500 m Höhe.*

Seite 128 *Die Kibohütte, 4700 m hoch.*

Seite 129 *Nächtlicher Aufstieg durch das Aschenfeld (Renate und Joachim).*

Seite 130 *Blick in die Kibo-Kaldera.*

Seite 131 *Hundertmeterhohe Eiskaskaden im Kibokrater.*

Seite 132 *„Gruppenbild mit Dame" auf dem Gillman's Point.*

Seite 133 *In dieser Höhe ist auch unserem Camili das Lachen vergangen.*

KIBO HUT
ALT 15520 FT
TOURIST

GILLMAN'S POINT
IN MEMORY
OF
C.G. GILLMAN, ESQ.
SWISSAIR

„Geh weg mit deiner Kamera! Ich will nicht fotografiert werden! Ich werfe dich in den Krater!“ Ich fotografiere trotzdem und reibe ihr zusammen mit Joachim die Finger. Jetzt kommen auch Wolfgang und Klaus. Jeder ist glücklich, oben zu sein, nicht mehr steigen zu müssen. Wolfgang sieht Renate weinen und fährt mich an: „Sieh nur, was du angestellt hast. Wozu diese Schinderei!“

Die Sonne steigt höher, und jetzt beginnen ihre Strahlen wirklich zu wärmen. Damit legen sich alle Aggressionen, und wir steigen gemeinsam die letzten Meter zum Gillman's Point hinauf. Camili ist im Sitzen eingeschlafen. Bunte Wimpelfetzen wehen an einer Eisenstange, um uns Eis und Fels und blauer Himmel – tief unten das Land Tanzania mit seinen Steppen und Urwäldern, mit seinen Elefanten und Löwen und dem Baum des Lebens.

„Berg Heil“, klingt es in unserer Runde und auch Renate lacht wieder.

„Gut, daß du fotografiert hast, ich hätte sonst selbst nie geglaubt, daß ich so fertig war!“

Schon bald führen wir unsere Schritte wieder abwärts durch Fels, Schutt und Asche. Eine amerikanische Gruppe kommt uns entgegen. Wir grüßen sie mit einem fröhlichen Jambo. Wer vom Kibo hinunterkommt, grüßt immer zuerst, denn er kommt von der „glücklichen“ Seite.

– E N D E –

Höhen-komplikationen

Mit zunehmender Höhe wird der Luftdruck immer geringer. In 5500 m (also knapp unter dem Kibogipfel) herrscht nur noch etwa die Hälfte (= 379 mm Hg) des Luftdruckes in Meereshöhe (= 760 mm Hg).

Die Erde ist von einer dichten Hülle aus Staub und Wasserteilchen umgeben, die wie ein Filter die Sonnen- und Raumstrahlen abschwächen. In großen Höhen fehlt dieses Filter, daher ist der Bergsteiger einer erheblich stärkeren UV-Strahlung ausgesetzt.

Beides, der abnehmende Luftdruck und die zunehmende Strahlung, sind nicht zu unterschätzende Gefahren beim Trekking in großen Höhen und beim Expeditionsbergsteigen. Es kommt leicht zu Beschwerden, die oft unter dem Begriff der sogenannten **Höhen- oder Bergkrankheit** zusammengefaßt werden. Besser ist es, von Höhenkomplikationen zu sprechen.

An den geringen Luftdruck kann man seinen Körper durch langsames Höhersteigen anpassen.

Typische Anzeichen einer unzureichenden Höhenanpassung sind: **Kopfschmerzen, Übelkeit, Erbrechen, Schwindelgefühle und Appetitlosigkeit.**

Abhilfe: ruhen, langsamer höher gehen, notfalls in tiefere Lagen absteigen, besonders zum Schlafen.

In vielen Fällen können die Höhenbeschwerden schon nach ein oder zwei Akklimatisationstagen verschwinden. In seltenen Fällen kann jedoch auch das lebensgefährliche Höhen-Lungenödem auftreten. **Das Lungenödem kündigt sich in einer für Laien schwer erkennbaren Form an.** Die dabei vorher auftretenden Symptome werden von den Betroffenen leicht unterschätzt. Der Patient verfällt rasch einer typischen Gleichgültigkeit, erkennt dadurch die Bedrohlichkeit seines eigenen Zustandes nicht richtig und vermag deshalb u. U. seine Umgebung nicht mehr ausreichend auf sich aufmerksam zu machen.

Vom Auftreten der ersten Begleitsymptome bis zum ausge-

bildeten Höhen-Lungenödem vergeht oft nicht einmal ein Tag, beim voll ausgeprägten Krankheitsbild kann der Tod innerhalb weniger Stunden eintreten, wenn nicht sofort die richtige und konsequente Behandlung einsetzt.
Das Höhen-Lungenödem kann überall (auch in den Alpen!) ab 3000 m Höhe, meist um 4000 m, auftreten. Wegen der geographischen Besonderheiten ist es aber in den Anden, in Afrika und im Himalaya häufiger als in anderen Hochgebirgen. Die genaue Ursache ist noch unklar, als Risikofaktoren müssen jedoch gelten:
– **zu schneller Aufstieg** (= unzureichende Akklimatisation);
– **ungenügender Ausgleich großer Salz- und Wasserverluste durch Atmung, Schwitzen, Erbrechen oder Durchfall** (= Hämokonzentration);
– **Infektionen der Luftwege** (Husten, Erkältung)
Wie erkennen wir das Höhen-Lungenödem?
Die körperliche Leistungsfähigkeit und der Appetit sind vor dem Auftreten der Erkrankung deutlich verringert. Vorher treten häufig eine ungewöhnliche Anteilnahmslosigkeit und Apathie sowie ein großes Schlafbedürfnis auf.
Wenn rasselnder Husten mit blutig-schaumigem Auswurf auftritt, befindet sich der Patient in einem akut lebensbedrohlichen Zustand! Wenn kein Flaschensauerstoff zur Verfügung steht, muß spätestens jetzt, eigentlich schon zwei Tage früher, **mit dem schnellstmöglichen Abtransport** in tiefere Lagen (unter 2000 m) begonnen werden, ohne Rücksicht auf Wetter und Tageszeit!
Den Patienten, wenn irgendwie möglich, schnellstens ausfliegen lassen! Wegen der häufig begleitend auftretenden Lungenentzündung ist eine entsprechende Behandlung mit Antibiotika sofort einzuleiten.
Die genauen Zusammenhänge und Ursachen, die zur Entstehung des Höhen-Lungenödems führen, sind nach wie vor weitgehend ungeklärt. Durch eine ausreichende Akklimatisationszeit und eine genügende Wasserzufuhr ließe es sich jedoch sicher in zahlreichen Fällen vermeiden. Dies gilt besonders für diejenigen Personen, die bereits einmal an einem Höhen-Lungenödem erkrankt sind.
Ein ausreichender Schutz der Haut vor UV-Strahlung wird nur durch die Anwendung spezieller Sonnencremes mit dem Lichtschutzfaktor 9 bis 12 gewährleistet (Contralum, Piz Buin).
Bei einer Kibobesteigung ab Horombohütte nicht mehr schutzlos in der Sonne verweilen!
Vor einer Kibobesteigung den Hausarzt aufsuchen und mit ihm über die persönliche Bergapotheke sprechen. Belastungs-EKG einholen!

(Diese Ausführungen habe ich teilweise dem Buch Zink, „Ärztlicher Rat für Bergsteiger", 140 S., DM 14,80, Georg-Thieme-Verlag, Stuttgart, mit freundlicher Genehmigung des Autors und des Verlages, entnommen. H. Weyer.)

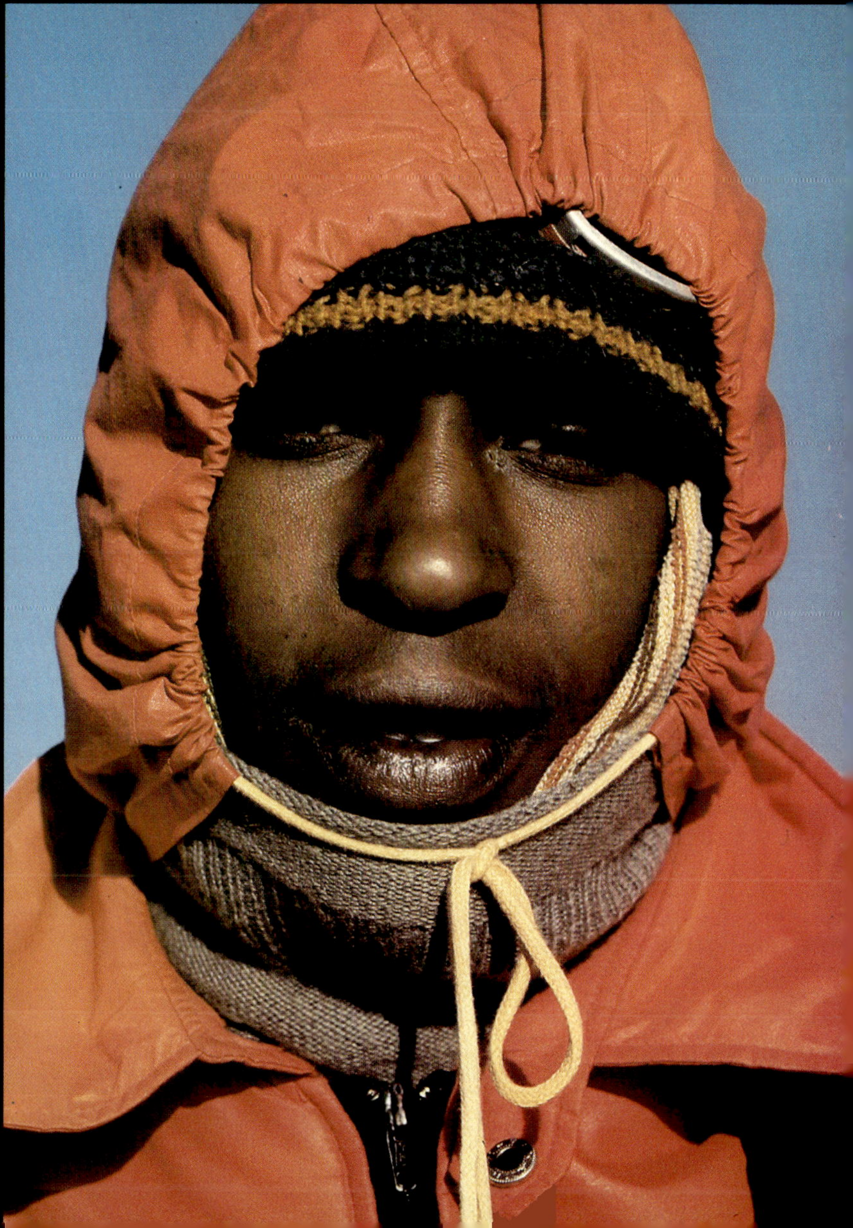

Bemerkungen zur Fotografie

Reinhard Karl, der erste Deutsche auf dem Mt. Everest, schreibt in seinem Buch „Zeit zum Atmen“ (Limpert Verlag, Bad Homburg): „Nein, bei Bergbildern sind die Wirklichkeit und die Wahrheit nicht auf den Fotos. Die Tiefe, die hundert oder tausend Meter, die einem so furchtbare Angst einjagen, lassen sich nicht zweidimensional ausdrücken. Kein Foto zeigt, wie kalt es wirklich ist. Selbst die Angst und die Erschöpfung der Bergsteiger lassen sich verschleiern. Für einen kurzen Moment lächeln! Es genügt $^1/_{1000}$ sec. Es ist eben nur ein Sekundenbruchteil des Abenteuers, den das Bild zeigt, aber das Abenteuer zeigt es nicht!“

Ich gebe Reinhard Karl bei solchen Betrachtungen grundsätzlich recht und gehe sogar noch weiter: Selbst wenn ein Foto optisch wirklich zeigt, wie es war (siehe unser Gipfelbild vom Kibo im Schneesturm auf Seiten 54/55), so betrachten wir dieses Bild daheim in der warmen Stube, haben ein Glas mit Bier neben uns, eine Pfeife im Mund, warme Füße und ausreichend Sauerstoff, um tief und genüßlich durchatmen zu können. Wie also können wir uns vorstellen, was das Bild zeigt: Kälte, Sturm, dünne Luft und völlige Erschöpfung?
Um Fotos wirklich betrachten zu können, bedarf es einer gewissen Fantasie, die durch Textbeiträge und Bildunterschriften angeregt wird. So habe ich versucht, den Kilimanjaro in vielen Fotos und Textbeiträgen dem Leser und Bildbetrachter mosaikartig nahezubringen.

Ich glaube, wir können die Wirklichkeit doch in Detailaufnahmen annähernd zeigen: die Fröhlichkeit der Chaggas (Seite 8), die Anstrengung der Bergbesteigung (Seite 129), die Erhabenheit des Kilimanjaros oder die Blütenpracht zu seinen Füßen. Viele Bilder richtig ausgewählt und zusammengestellt, ergeben ein abgerundetes Bild des Abenteuers.
Aber fort von der Fotophilosophie zur Praxis:

Fotografiert habe ich mit der **LEICAFLEX SL II** und der **LEICA R 3** auf **KODACHROME 25** u. **64.**

Am Berg spürt man jedes Gramm Gepäck am Hals oder im Rucksack. So habe ich während der Kibobesteigung nur mein „kleines“ Fotogepäck mitgeführt: **Leica** mit **60-mm-Macro-Elmarit** als Normalbrennweite. (Wegen der vielen Blumen am Wege!) Für Portraits unterwegs benutzte ich das **135-mm-Elmarit**, längste Brennweite im Rucksack war das **180-mm-Apotelyt.** (Wegen der ungewöhnlich guten Bildauflösung bestens geeignet für große Druckvorlagen von kleinen Bildern!) Das **28-mm-Elmarit** als mittleren Weitwinkel hatte ich auch immer dabei. Man vertut sich in großen Höhen leicht mit der Belichtungszeit. Während ich auf Meereshöhe noch $^1/_{30}$ sec wirklich scharf auslöse, traue ich mir das auf dem Kibogipfel nicht mehr zu. Also in großen Höhen und nach körperlichen Anstrengungen mindestens $^1/_{250}$ sec oder noch kürzere Zeiten verwenden!
Neben Bergbildern befinden sich in diesem Buch auch Tieraufnahmen aus den Parks in unmittelbarer Kilimanjaro-Nähe. Ich möchte ausdrücklich darauf hinweisen, daß alle Tieraufnahmen während einer ganz normalen Touristen-Safari entstanden sind, also aus einem Fahrzeug heraus, in dem sich jeweils vier Fotografen um das gleiche Motiv tummelten. Natürlich weiß ein Fotograf, daß er die wahren Leckerbissen der ostafrikanischen Tierwelt erst bekommen kann, wenn er mit viel Zeit möglichst alleine und mit einer Sondergenehmigung in der Tasche, die ihn berechtigt, die Straßen und Wege zu verlassen, um den Tieren zu folgen, unterwegs ist. Darauf habe ich bewußt verzichtet, denn ich möchte hier ein Abenteuer beschreiben, das jeder nacherleben und nachfotografieren kann. Für die Tierfotografie in Ostafrika sind lange Brennweiten notwendig. Ich habe hauptsächlich das **180-mm-Apotelyt,** das **400-mm-Telyt** und das **560-mm-Telyt** an der **Leica-R-3-Mot** benutzt. So lange Brennweiten sollte man norma-

lerweise auf ein festes Stativ setzen. Das ist aber auf Tiersafaris in Ostafrika kaum möglich, da man rasch aus dem offenen Schiebedach des VW-Busses oder des Landrovers arbeiten muß. In dieser verhältnismäßig kleinen Öffnung stehen meistens drei bis vier Fotografen „schußbereit".
Besser als nur die Schulterstütze ist hier das kleine **Leitz-Tischstativ** mit einem schweren Kugelkopf. Damit kann man lange Brennweiten (400–560 mm) gut auf dem Autodach auflegen und bequem fokussieren. Eine große Hilfe ist weiterhin der Motor, denn nur so kann ich mich voll auf das Motiv konzentrieren und auslösen, wenn die Situation entsprechend ist. Situationen, in denen ein Flußpferd gähnt, ein Löwe in Richtung Fotobus knurrt oder ein Gepard pfeilschnell zur Gazellenjagd startet, dauern meistens nur Sekundenbruchteile. Und die fehlen, wenn ich per Hand nachspannen muß.
Es geht auf Fotosafari nicht darum, einen Löwen oder einen Elefanten aus nächster Nähe zu fotografieren. Das Bild wird erst durch den Augenblick bestimmt. Durch eine Bewegung des Tieres, durch einen zufälligen Blick in das Objektiv, durch einen Sprung oder gar durch eine typische Aktion. Und dabei ist es alleine ausschlaggebend, daß die Fotografen in einem Fahrzeug alle gleich viel Interesse an guten Bildern mitbringen, daß sie Zeit zum Warten haben und sich gegenseitig bei der fotografischen Arbeit nicht behindern. Stimmen diese Faktoren, dann sind auch professionelle Tierbilder während einer normalen Fotosafari möglich.
Auf Tiersafari in Ostafrika möchte jeder möglichst nah an die Tiere heran. Portraits können wir leichter, billiger und besser im Zoo daheim aufnehmen. Hier in Afrika geht es um die freie Wildbahn. Deshalb sollten wir auch daran denken, die Landschaft in unsere Tieraufnahmen einzubeziehen. So möchte ich auf Seite 85 bewußt zeigen, wie gut Löwen im Steppengras getarnt liegen, und zum Gazellenbild auf Seite 92 gehören einfach das Grün des Bachufers und das Blau des frischen Wassers.

Für diesen Zweck empfehle ich auf Tiersafaris **zwei Kameragehäuse, eins mit einer extrem langen Optik (400 und 560 mm), und eins mit einem leichten Teleobjektiv (135 oder 180 mm).** Zum schnellen Objektivwechsel bleibt meist keine Zeit!

Wichtiger als alle Technik ist aber in den Tierparks und auch am Berg der Mann hinter der Kamera. Nicht die elektronische Automatik macht das Bild, sondern der menschliche Verstand – und dazu gehören: fotografisches Sehen, Ausdauer, Liebe zum Hobby Fotografie – und eben etwas Glück!

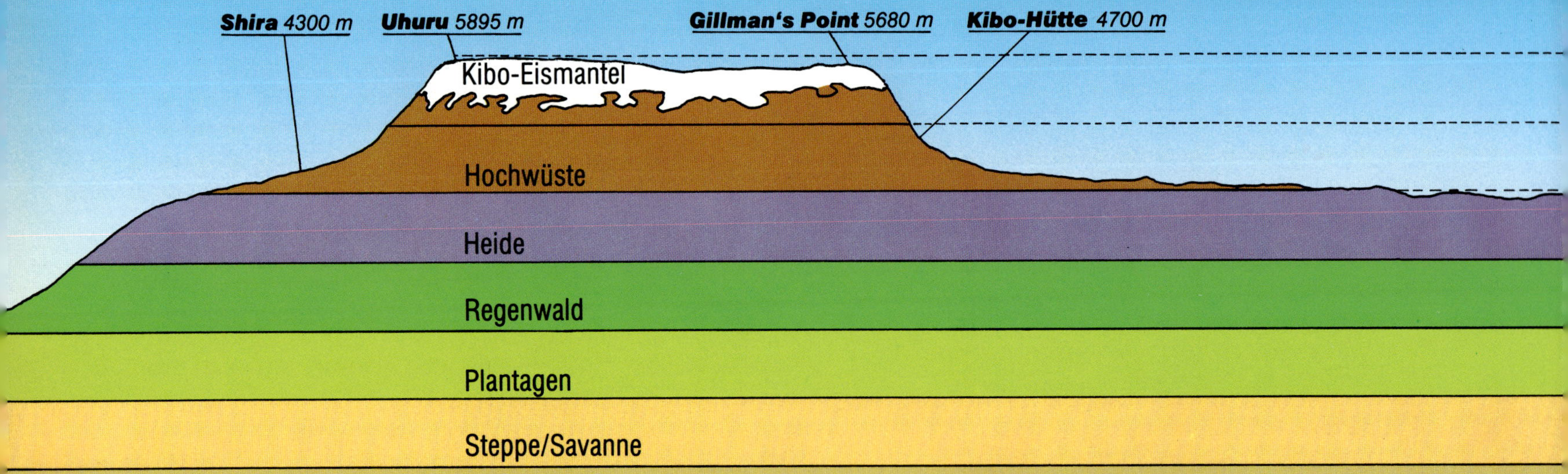

Schema der Kibo-Besteigung über Marangu

(ohne Maßstab)

Unmittelbar südlich des Äquators erhebt sich der Kilimanjaro (5895 m) – der höchste Berg Afrikas und einer der höchsten Vulkane der Welt – 4700 Meter über den umliegenden Steppen und Savannen.

Die Grundfläche dieses riesigen Berges hat einen Durchmesser von ca. 60 km. Bei seiner Besteigung kommen wir innerhalb weniger Tage vom tropischen ins arktische Klima.

Der Kilimanjaro kann von jedem Bergsteiger mit guter Kondition über die Marangu-Route bestiegen werden. Der Aufstieg in Begleitung von Führern dauert 5 bis 6 Tage.

Der Anstieg beginnt am Marangu-Tor, dem Haupteingang des Kilimanjaro-Nationalparks, auf etwa 1850 m (bis hierher führt die befestigte Fahrstraße von Marangu). In 3 bis 4 Stunden gehen wir durch dschungelartigen Regenwald hinauf zur Mandarahütte, 2750 m (ca. 12 km ab Tor).

Am nächsten Tag durchqueren wir die letzten Waldstreifen und folgen dem leicht ansteigenden Pfad durch offenes Heideland. Nach 5 bis 6 Stunden erreichen wir die Horombo-Hütte, 3700 m (ca. 18 km).

Ich empfehle hier einen Akklimatisationstag mit einem Trainingsmarsch bis hinauf zum Kibo-Sattel und zurück nach Horombo.

Am dritten bzw. vierten Tag steigen wir an der letzten Wasserstelle vorbei hinauf in die „Mondlandschaft" des Sattels zwischen Kibo und Mawenzi. Nach 6 bis 7 Stunden erreichen wir die Kibo-Hütte, 4700 m, am Fuß des Kibo-Domes (ca. 13 km).

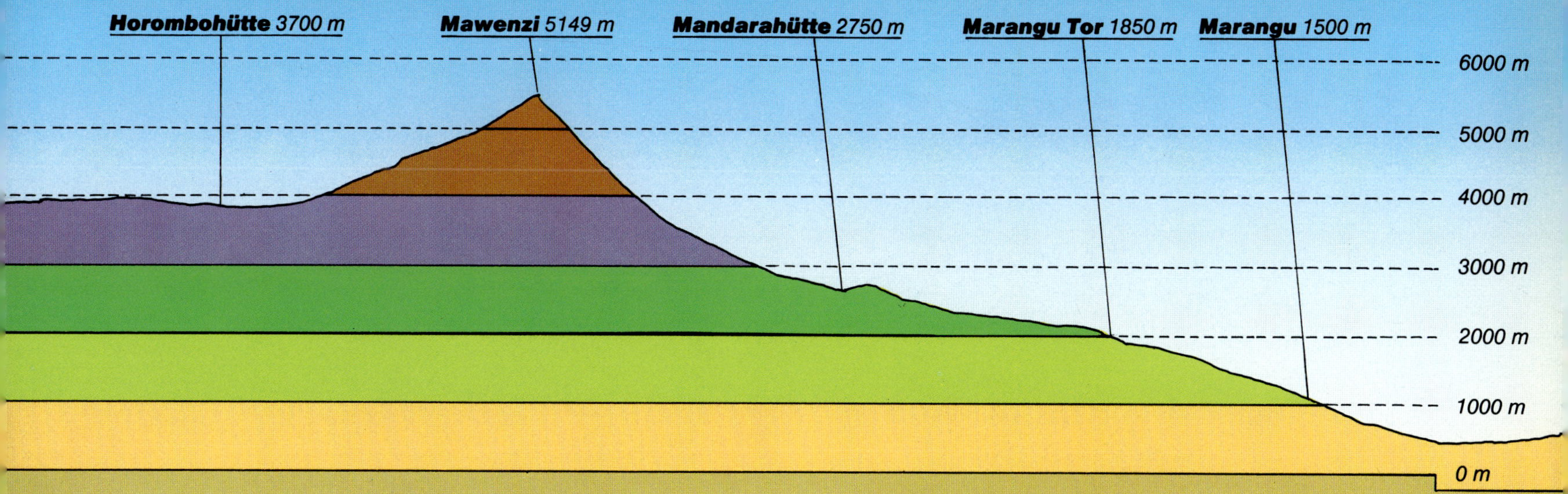

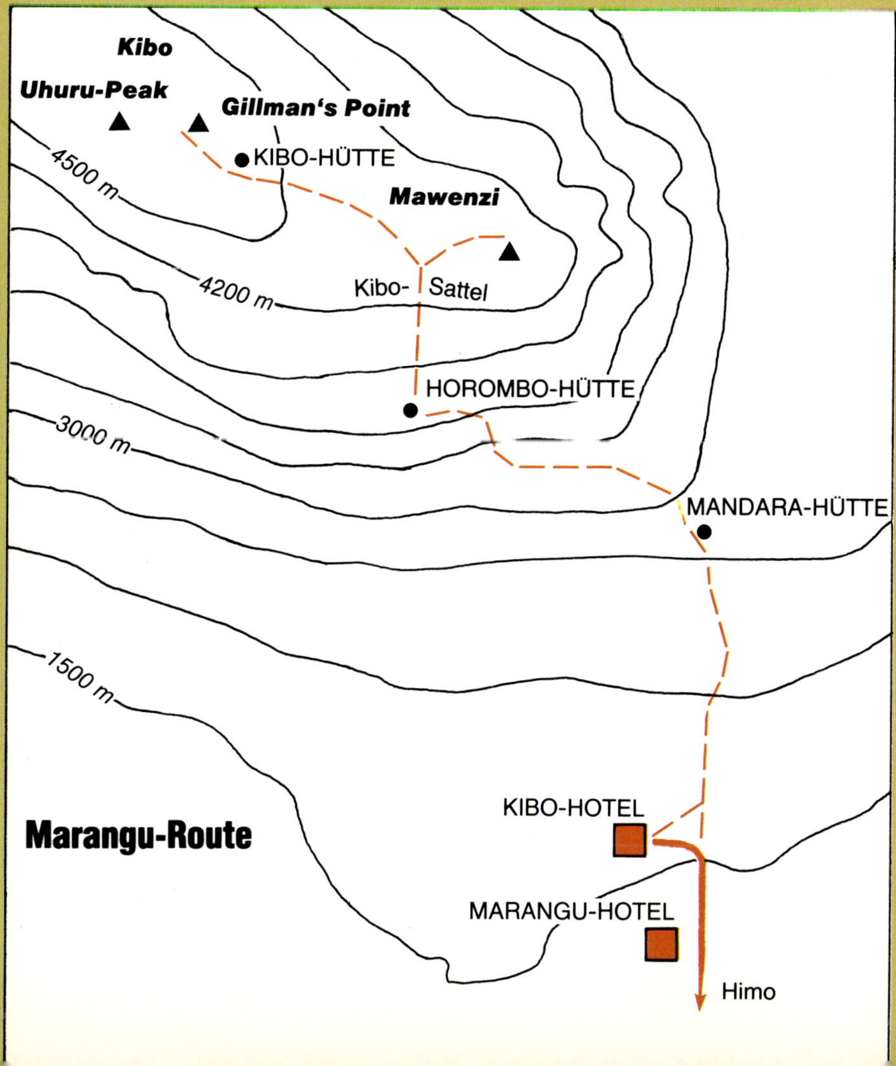

Am frühen nächsten Morgen (1 Uhr) starten wir zum Gipfelaufstieg. Nach ca. 6 Stunden erreichen wir Gillman's Point auf dem Kraterrand, 5680 m. Damit gilt der Kibo als bestiegen. Zum Uhuru-Peak, 5895 m, sind es noch einmal 50 bis 70 Minuten weiter. Lohnender ist eigentlich der Abstieg in den Krater hinein.

Am gleichen Tag steigen wir noch bis zur Horombo-Hütte hinunter.

Der letzte Tag führt „in einem Rutsch" über Mandara (Lunch) hinunter nach Marangu, wo wir zwischen 14 und 15 Uhr bereits eintreffen.

Der Kilimanjaro kann während des ganzen Jahres bestiegen werden. Während der Regenzeit im April, Mai und November ist die untere Hälfte des Berges sehr feucht. Die wärmste Zeit ist von Dezember bis Februar.

Ausrüstung für Kilimanjaro

Die Ausrüstung am Kilimanjaro wird durch die täglich wechselnden Klimazonen bestimmt: tropisch warmer Regenwald, trockene Heide und Wüstenzone, kalte Hochgebirgsregion.

Kleidung:
Normale Sommerunterwäsche; T-Shirts und Baumwollhemden; strapazierfähige Hose wie Jeans oder Shorts; Badehose; Wollsocken; strapazierfähige, bequeme Schuhe und mittelschwere Bergschuhe; eventuell Hüttenschuhe; Sonnenhut; Regenkleidung (ein Regenponcho ist sinnvoller als die schlechtatmenden Regenanzüge); Anorak; Trainingsanzug und Daunenschlafsack; warme Berghose; Hosenträger; lange Unterhose, eventuell Angora; warme Unterwäsche, eventuell Angora; Pullover; Daunenanorak; Windbluse; Schneegamaschen; Wollfäustlinge und Wollmütze; Sonnenbrille; Notizblock mit Bleistift; Taschenmesser; persönliche Toilettenartikel.

Bergausrüstung:
Seesack (für die Träger) und leichter Tourenrucksack; Skistock (kann im Maranguhotel entliehen werden); Wasserflasche; Höhenmesser; Kompaß; persönliche Apotheke, Taschenlampe; Schneebrille; Sonnenschutzcreme.
Persönlicher Zusatzproviant:
Nüsse, Schokolade, Traubenzucker, Dörrobst, Vitamin-Brausetabletten.

Literaturhinweise

KILIMANDJARO. Hans Meyer. Berlin 1900.
OSTAFRIKANISCHE GLETSCHERFAHRTEN. Hans Meyer. Leipzig 1890.
REISEN IN OSTAFRIKA. v. d. Decken. Leipzig 1871.
DIE BESTEIGUNG DES KILIMANDSCHARO. W. Methner. Zeitschrift des DAV 1930.
BERGSAFARI AM KILIMANDSCHARO. Leopold Stocker Verlag.
GEBRAUCHSANWEISUNG FÜR OSTAFRIKA. Piper Verlag.
OSTAFRIKA REISEHANDBUCH. Verlag Otto Lembeck.
UNTER ELEFANTEN. Deutscher Taschenbuchverlag.
SCHNEE AUF DEM KILIMANDSCHARO. (6 Stories – Das kurze glückliche Leben des Francis Macomber) rororo Rowohlt.
DER BAUM DER SCHÖPFUNG. Molden Verlag.
TRAUMBERGE DER WELT. Verlag Huber.
OSTAFRIKA. Goldstadt-Ferienreiseführer.
ÄRZTLICHER RAT FÜR BERGSTEIGER. Georg Thieme Verlag.

Die speziell kalorien- und kohlehydratereiche Nahrung am Berg wird von den Hotels in Marangu zusammengestellt (Fleisch, Fisch, Käse, Obst, Fruchtsäfte, Brot, Fett, Corn-flakes usw.).

Inhaltsverzeichnis

In der Reihe
ABENTEUER HEUTE sind von
Helfried Weyer in gleicher Ausstattung erschienen:

TÉNÉRÉ —
das Land dort draußen

„Der Leser erlebt die größten Sandmeere der Sahara in unübertroffenen Panoramabildern und treffenden Schilderungen!"

Einkaufszentrale für öffentliche Bibliotheken

ALASKA —
Pipelineabenteuer auf 70 Grad Nord

„Helfried Weyers Art zu sehen steckt an: man ist mit Herz, Auge und Verstand fasziniert von diesem Abenteuer Alaska."

LEICA FOTOGRAFIE

NANGA PARBAT —
Schicksalsberg der Deutschen

„Was der 40jährige Journalist und Fotograf auf seinen Abenteuerreisen macht, ist weit mehr als die Bestätigung der eigenen Persönlichkeit durch das Herumkrabbeln in 8000 m Höhe. Helfried Weyer schafft historische Dokumente."

Badische Neueste Nachrichten

„Soweit man sehen kann,
soweit wie die ganze Welt,
hoch und unvorstellbar weiß in der Sonne,
leuchtet der Gipfel des Kilimanjaro!“

Ernest Hemingway